**16번의 사업을 성공시킨 사업의 신
고등학교 자퇴 22세 그녀는
어떻게 한 달에 6,000만 원을 벌까?**

**16번의 사업을 성공시킨 사업의 신
고등학교 자퇴 22세 그녀는
어떻게 한 달에 6,000만 원을 벌까?**

초판1쇄 인쇄 2023년 10월 4일
초판4쇄 발행 2023년 11월 17일

지은이 | 임지흔(스파미)
펴낸이 | 한상철
펴낸곳 | 파르페북스

주   소 | 인천광역시 서구 도요지로 202번길 10-8, 502호
전   화 | 070-4413-2257
팩   스 | 032-232-3305
이메일 | parfaitbooks@naver.com
인스타그램 | instagram.com/parfaitbooks
네이버 포스트 | post.naver.com/parfaitbooks

출판등록 | 제2019-000011
ISBN 979-11-971718-6-4 (03810)

값은 뒤표지에 있습니다.
잘못된 책은 구입하신 서점에서 바꿔드립니다.

이 책의 전부 또는 일부 내용을 재사용하려면 반드시 사전에 저작권자와 파르페북스의 동의를 받아야 합니다.

파르페북스는 여러분의 꿈이 될 원고와 기획을 기다립니다.

임지흔(스파미) 지음

16번의 사업을 성공시킨

사업의 신
고등학교 자퇴
22세 그녀는
어떻게 한 달에
6,000만 원을 벌까?

[돈 버는 데 나이제한? 없음! 🔍]

[사업이 잘될 수밖에 없는 비법! 🔍]

[사업 성공! 흥행 비결! 🔍]

파르페북스

차 례

프롤로그

18세에 부자가 된 임지훈 _ 6

CHAPTER 1
중학생 사장, 8년 동안 16번 창업하다

01. 중학생 사장, 코디를 판매하다 _ 12

02. 중학생 사장, 기대감을 판매하다 _ 16

03. 유통의 신천지, 동대문을 알게 되다 _ 28

04. 친구들과 함께 한 노점의 추억 _ 36

05. 중학생 사장, 쾌적함을 판매하다 _ 45

06. 사업이냐, 학업이냐 그것이 문제로다 _ 49

07. 고등학생 사장, 온라인 광고에 눈뜨다 _ 63

08. 고등학생 사장, 대행사를 창업하다 _ 72

09. 내 인생 최대의 시련 _ 81

10. 슬픔을 딛고 애견용 수제 간식 사업으로 일어서다 _ 86

11. 고등학생 사장, 핫딜을 판매하다 _ 98

12. 중국에서는 로봇청소기가 8,000원이라고? _ 112

13. 위기를 기회로! 코로나19에 돈을 더 버는 방법 _ 124

14. 고졸 사장, 온라인으로 자신을 판매하다 _ 136

15. 상인에서 사업가로! 고졸 사장, 법인 대표가 되다 _ 149

CHAPTER 2
중학생 사장이 말하는 사업가 마인드와 돈의 그릇

01. 실행력: 내가 16번 사업을 성공시킬 수 있었던 비결 _ 158
02. 학습: 비즈니스 정글에서 8년 동안 내가 생존할 수 있었던 동력 _ 166
03. 잔잔한 바다는 노련한 사공을 만들지 않는다 _ 173
04. 억대 연봉 쇼핑몰 사장의 상품 공부법 _ 179
05. 3천만 원을 도둑맞고 깨달은 교토삼굴의 지혜 _ 187

CHAPTER 3
억대 연봉 쇼핑몰 사장의 비법 노트

01. 비즈니스에서 믿을 것은 계약서뿐이다 _ 200
02. 레드오션 vs 블루오션 시장규모의 중요성 _ 206
03. 프로모션과 CS로 알아보는 고객 커뮤니케이션 _ 213
04. 디지털 노마드로 직장인 연봉 벌기, 과연 가능할까? _ 223
05. 23세 임지흔, 한국에 실리콘밸리를 만들다 _ 232

에필로그
도구를 사용하는 인간, 호모 파베르 _ 240

18세에 부자가 된 임지훈

제가 유치원 다닐 때의 일입니다. 저는 직장인 아버지와 전업주부 어머니 밑에서 외동딸로 태어났는데요. 어머니는 어린 제게 독서 습관을 만들어주고 싶으셨는지 이런 약속을 하셨습니다. "지훈아! 도서관에 재미있는 동화책 참 많다. 그치? 지훈이가 책 한 권씩 읽을 때마다 엄마가 용돈으로 1,000원을 줄게." 그 한 마디에 낚인 저는 1,000원을 받기 위해 책을 읽기 시작했어요. 하지만 곧 책 자체의 재미에 돈 생각은 하지도 않은 채 여러 권의 책을 섭렵했습니다. 아동용 도서도 여러 종류가 있었는데 그중에서도 아이들이 경제 관념을 쉽게 수립하도록 쓴 우화에 푹 빠졌습니다. 지금도 기억나는 책으로는 가난한 집의 엄마와 딸이 힘을 합쳐 가난을 해결하고 오순도순 사는 동화가 있고요. 한 부잣집 아버지가 아들의 배필을 고르기 위해 며느리 후보 세 명에게 쌀 한 되씩을 나눠주고 누가 가장 크게 불리는지 시험하는 이야기도 있습니다.

여러 책 중에 「열두 살에 부자가 된 키라」가 있는데요. 하우스푸어 집안의 딸 키라에게는 꿈이 있었습니다. 갖고 싶은 컴퓨터를 구입하는 것과 교환학생으로 미국 유학을 가는 것이었죠. 꿈을 이루기 위해 컴퓨터 구입자금을 모으는 소원 박스와 미국 유학자금을 모으는 소원 박스 두 개를 만들었습니다. 어른도 아닌 초등학생 여자아이가 어떻게 돈을 모으겠어요? 하지만 키라는 현실의 벽에 좌절하지 않고 초등학생인 자신도 돈을 벌 방법을 찾기 시작했죠. 그 결과, 이웃의 개를 대신 산책시켜주고 재주도 가르쳐주는 대가로 돈을 받고 부모님에게서 받은 용돈까지 합쳐 일부는 컴퓨터 구입과 유학에 쓸 소원 박스에 저축하고 일부는 통장을 만들어 저축했습니다. 책에서는 이 저축통장을 '황금알을 낳는 거위'에 비유하는데요. 돈이 모이면 이자가 붙어 더 불어나듯 나중에는 열심히 모은 이 '거위'를 밑천삼아 펀드 투자에 성공해 '황금알'을 얻었습니다.

책 제목대로 12살에 부자가 된 키라는 어린 초등학생들도 자신처럼 부자가 되는 방법을 학생들 앞에서 발표하고 관련 내용으로 책을 쓰는 것으로 이야기는 끝납니다. '와, 키라는 정말 대단하다! 어른도 아닌 12살 초등학생 여자아이가 어떻게 돈을 벌어 부자가 되었지? 나도 키라처럼 부자가 되고 싶다.' 어린 저는 「열두 살에 부자가 된 키라」를 초롱초롱한 눈빛으로 읽었어요. 도서관에서 빌린 책이어서 반납하고 나서 한동안 이 책을 잊고 지냈는데요. 오랜만에 책을 다시 얻어 읽어보고 놀라운 사실을 알게 되었어요. 23세가 된 저는 「열두 살에 부자가 된 키라」를 읽으며 품었던 유년기의 꿈을 대부분 이루었기 때문이에요.

본편에서 자세히 다루겠지만 저는 14살 중학교 1학년 때 처음 사업을 시작했습니다. 학교를 다니며 사업을 병행하는 것이 쉬운 일은 아니었지만 찾다보니 길이 다 있었습니다. 가족의 도움도 받았고요. 고등학생이 된 저는 학업과 사업 두 갈래 길에서 사업을 선택했습니다. 그 후로 23세가 된 현재까지 8년 동안 총 16번 사업을 성공시켰는데요. 컴퓨터를 구입하고 교환학생으로 미국 유학도 가고 황금알을 낳는 거위를 만들겠다는 목표가 키라에게 있었듯이 제게도 세 가지 목표가 있었어요. 첫째는 저를 낳아주신 부모님의 노후 걱정을 없애는 것. 둘째는 한국을 넘어 견문을 글로벌적으로 넓히기 위해 해외 유학자금을 모으는 것. 셋째는 살면서 예상치 못한 곤경에 처했을 때 힘이 되어줄 든든한 보험을 만드는 것이었습니다.

우여곡절 끝에 저는 사업을 계속해 오면서 부모님께 주거용 아파트를 사드렸고 훗날 제 버킷리스트를 이루어줄 상가 한 채와 혹시 모를 사태에 대비해 보험용으로 상가 한 채도 마련할 수 있었어요. 현재는 개인사업자를 넘어 법인체 ㈜애드에디션을 설립해 새로운 도전 중입니다. 아직 23살에 불과한 저는 사람으로서 노련미가 분명히 부족하겠지만 사업 세계에서는 단맛, 쓴맛 모두 맛본 8년차 사장이에요. 도대체 무슨 일이 있었길래 중학교 1학년 꼬마가 사업을 시작했을까요? 8년 동안

16번 사업하면서 어떻게 돈을 벌었을까요? 무슨 일을 겪었을까요? 그리고 무엇을 알게 되었을까요?

저는 훌륭한 위인은 아니지만 누구 못지않게 신나고 재미있는 인생을 살아왔다고 자부합니다. 지금부터 제가 사업하면서 배운 인생에 대해 자세히 말씀드릴게요. 가벼운 마음으로 소설 한 편을 읽듯이 편하게 제 이야기를 들어주시고 누군가의 마음에 나도 당장 실행하겠다는 작은 불씨를 지필 수만 있다면 그만한 영광도 없을 거예요. 그럼 지금부터 사업의 세계에 빠져볼까요?

임지훈(스파미) 올림

CHAPTER 1

중학생 사장,
8년 동안
16번 창업하다

01

중학생 사장, 코디를 판매하다

저와 사업의 인연은 9년 전으로 거슬러 올라갑니다. 14살 중학교 1학년 때 첫 사업을 시작했는데요. 사실 18살이 될 때까지 나 스스로 '나는 사업가야!'라는 생각은 없었어요. 그저 '이렇게 하면 돈이 되지 않을까?' 마음가는 대로 행동해 작은 성공을 맛보면 그게 너무 신나고 들떠 '이렇게 하면 더 잘 팔리지 않을까?' 계속 새로 떠오르는 아이디어를 실천에 옮겼습니다. 그것이 돈이 되었을 뿐이고요.

첫 사업 아이템의 발단은 제 개인적인 쇼핑에서 시작되었는데요. 제 어머니는 '아름다운 가게'에서 쓸 만한 생활용품을 사 오시곤 했습니다. '아름다운 가게'는 일종의 사회적 기업인데요. 회사나 개인들로부터 다양한 물건을 기부받아 저렴한 가격에 판매한 수익금을 기부하는 곳으로 현재 전국 매장 수가 100군데가 넘습니다. 물론 제가 중학생일 때는 매장 수가 더 적었고요. 저도 가끔 '아름다운 가게'를 방문해 제가 입을 옷을 사곤 했습니다. 사회적 기업이어서 가격이 저렴해 중학생인 저도 용돈으로 마음껏 옷을 살 수 있었거든요. 제 기억에 옷 한 벌이 3,000~4,000원 했던 것 같습니다. 그렇게 여러 벌을 사니 맘에 안 드는 옷이 있었습니다. 그래서 3,000원에 산 옷을 중고나라와 카카오 스토리에 올렸어요.

요즘 많은 사람이 집에서 안 쓰는 물건을 당근마켓에 올려 팔잖아요? 중학생인 저도 큰 기대를 안 하고 팔리면 좋고 안 팔리면 어쩔 수 없다는 생각으로 상품을 올렸습니다. 그런데 웬걸? 제 예상보다 빨리 옷이 다 팔려나갔어요. '어라? 이거 혹시… 옷 말고 다른 것도 올리면 팔리는 거 아냐?' 제 첫 사업의 씨앗이 싹튼 순간이었습니다. 그래서 다음에는 제게 필요한 옷 외에도 일부러 가게를 더 꼼꼼히 돌아다니며 사람들이 좋아할 만한 물건, 잘 팔릴 것 같은 제품도 함께 사 중고나라와 카카오 스토리에 올려봤습니다. 아니나 다를까? 예상은 또 적중해 제 손에는 떡볶이와 치킨을 사 먹을 돈이 들어왔습니다. 신이 난 저는 '어떻게 하면 더 잘 팔 수 있을까? 이렇게 하면 돈이 더 되지 않을까?' 생각나는 아이디어를 시험하기 시작했어요.

하루는 상품을 올릴 때 경매를 도입해봤습니다. '이 옷 5,000원에 사실 분?'이 아니라 '이 옷 5,000원부터 시작해 가장 높게 부르는 분께 드릴게요!'라고 게시글을 작성한 거였죠. 카카오 스토리와 중고나라는 오픈마켓과 달리 댓글로 상호소통이 되어 가능한 판매 방식이었습니다. 그러자 사람들이 판매가를 올려 부르기 시작했고 그냥 파는 것보다 더 많은 돈을 받을 수 있었습니다.

또 하루는 옷을 계속 단품으로 팔았는데 '상품을 묶어 세트로 팔면 어떨까?'라는 아이디어가 떠올랐어요. 그래서 '아름다운 가게'를 돌며 제 나름대로 상의와 하의를 조합해 코디를 해봤습니다. 예를 들어, 윗도리, 치마, 겉옷을 각각 3,000원에 구매해 총 9,000원을 썼는데 겉옷 자켓은 홍대에 가면 3만 원 정도 줘야 하니까 셋을 합쳐 3만 원에 올리는 식이었습니다. 사람들은 같은 돈으로 자켓에 어울리는 상의와 하의까지 받을 수 있어 좋아했고 저도 셋을 각각 따로 파는 것보다 더 큰 마진을 올릴 수 있었습니다. 나중에는 두 가지 아이디어를 조합해 코디 세트를 만들어 경매 방식으로 올리자 9,000원을 들인 세트가 35,000원에 낙찰되었어요. 그때부터 코디 조합을 열심히 찾기 시작했습니다. 처음에는 '아름다운 가게' 홍대점에서 옷 몇 벌만 사는 정도였지만 나중에는 홍대점 외에 다른 지점까지 순회했어요. '아름다운 가게'는 기부가 들어온 물건을 파니 지점마다 기부가 들어온 물건이 달랐거든요.

물건이 가장 많을 때는 기부가 들어온 직후였어요! 저는 매장 점원 언니에게 물건 입고일과 시간을 물어보고 그 시간에 맞추어 가게를 돌아다녔습니다. 누가 봐도 좋은 물건은 금방 팔려 나가니 일찍 일어난 새가 벌레를 잡을 수 있었어요. 가게에서 예쁜 옷을 쓸어 담기 위해서는 자본이 필요했는데요. 그때 어릴 때부터 중학생이 될 때까지 모아둔 용돈이 빛을 발했습니다. 할아버지는 저를 볼 때마다 10만 원씩 용돈을 주시곤 했는데 저는 학용품 정도만 사고 남은 용돈은 고이 모아두었거든요. 용돈도 10년 동안 모으자 600만 원이나 되었고 그것이 제 첫 사업 자금이 되어주었습니다. 그렇게 제 첫 사업인 옷 장사는 투자금을 제외하고 한 달 약 100만 원의 순수익을 가져다줬어요. 중학교 1학년생에게는 매우 큰 돈이었지만 저는 100만 원이라는 금액보다 내 아이디어가 적중해 돈을 벌었다는 사실에 더없는 성취감을 느꼈습니다. 제 생각대로 사람들이 옷을 사고 돈을 주고 고맙다는 말까지 하니 너무너무 신기하고 짜릿했습니다.

02
중학생 사장, 기대감을 판매하다

　제 첫 사업이 순조롭기만 했던 것은 아닙니다. 일단 '아름다운 가게'는 어디까지나 기부가 들어온 물건을 팔았기에 항상 질 좋은 옷을 구할 수는 없었어요. 무엇보다 저는 소위 '옷 잘 입는 언니'가 아니었습니다. 제 코디 센스에는 한계가 있었고 옷을 멋있게 리폼하는 재주도 없었습니다. 타고난 패션 감각과 손재주가 제게 있었다면 한 끗발 날리는 여성 의류 쇼핑몰 CEO가 되었을지도 몰라요. 하지만 안타깝게도 하늘은 그런 재능을 제게 내리지 않았고 저는 첫 사업을 확장하지 못하고 취미로 용돈 버는 선에 그쳤습니다.

　그런데 예상치 못한 두 번째 사업 기회가 찾아왔어요. 어머니께서 문화센터에서 수제 천연비누 만드는 법을 배워 비누 30개를 만들어오신 겁니다. 형제가 없는 저는 3인 가구(어머니, 아버지, 나)인데요. 비누로 손 씻고 세수하고 몸 닦고 머리까지 감아도

1년에 비누 30개를 다 쓸 수 없었어요. 할 수 없이 이번에도 남은 비누를 팔아보자는 생각에 가벼운 마음으로 카카오 스토리에 올렸고 누군가가 비누를 샀는데 며칠 후 '비누가 정말 괜찮다. 이거 썼더니 여드름이 가라앉았더라.'라며 여드름 붉기가 사그라든 자신의 이마를 촬영해 후기를 써주셨어요. 너무 신기해 어머니께 보여드렸더니 "비누를 커피로 만들었거든. 화학 성분을 안 넣은 천연비누잖니? 문화센터 선생님이 각질 제거, 여드름, 미백에 효과가 있다더라."라고 말씀하셨습니다. 더 놀라운 건 그 후기를 읽은 사람들이 비누를 주문해 어머니께서 만드신 비누가 다 팔렸다는 겁니다. 그때 저는 '사람들은 후기에 반응한다'라는 성공 방정식 하나를 깨달았어요. '어라? 이거 혹시… 비누를 또 올리면 또 팔 수 있는 거 아냐?' 저는 어머니를 졸라 수제 천연비누 몇 종을 더 만들어달라고 부탁했고 아예 카카오 스토리 계정을 '김수환무네 비누샵'으로 개명해 가게를 차렸습니다. 상품을 올리자 이번에도 사는 사람이 있었습니다. '과연 이게 팔릴까?' 1차 검증은 끝난 셈이죠. 저는 곧바로 '어떻게 해야 더 잘 팔릴까?' 다음 단계로 넘어갔습니다.

맨 먼저 떠오른 아이디어는 디자인이었습니다. 후기를 보니 비누의 성능은 확실한 모양이고 기능 외적인 것을 개선해 디자인을 다양하게 만들면 사람들이 더 많이 살 것 같았죠. 그러던 어느 날 어머니가 몰드를 가져와 다양한 모양의 비누를 만드셨어요. 저는 몰드를 보자마자 '이거다!' 뇌리에 번개가 쳤습니다. "엄마. 이거 있잖아. 지금 가져온 거 말고 또 다른 디자인은 없어? 어디서 팔아?" "몰드 말이니? 그러게. 수업할 때 선생님이 나눠줘서 받아온 건데. 다음 수업 때 선생님에게 한 번 물어볼게." 문화센터 선생님이 말하길 몰드는 방산시장에서 많이 판다고 하셨어요. 저는 곧바로 방산시장으로 달려가 몰드를 수소문했습니다. 아시는 분은 아시겠지만 전국 포장용기가 방산시장에서 다 나오는데요. 어머니가 가져온 것 이상으로 정말 다양한 몰드가 있었습니다. 초콜릿 모양, 마카롱 모양, 머핀 모양, 화과자 모양, 하리보 젤리 모양 등등…

제 비누를 누가 사는지 고객 파악이 이미 끝난 상태였어요. 후기를 읽어보니 피부 고민이 많은 10대가 주 고객층이었습니다. 그래서 몰드도 일부러 10대 학생들이 좋아할 만한 귀여운 디자인들만 골라 사 갔어요. 어머니께 제가 산 몰드를 건네드리고 비누를 더 만들어 팔아봤습니다. 아니나 다를까? 품질은 그대로 유지하면서 예쁜 디자인을 여러 종 추가하자 사람들의 반응이 폭발했습니다. 비누가 성능도 좋은데 귀엽기까지 하다는 후기가 줄을 이었고 확신을 얻은 저는 불길처럼 사업을 일으켰어요.

주말마다 방산시장을 돌아다니며 다양한 몰드를 수집했고 새로운 디자인의 비누를 계속 기획했습니다. 저는 중학생이어서 사업에 모든 시간을 쏟을 수가 없었어요. 사업에 투자할 수 있는 시간은 귀가 후와 주말뿐이었습니다. 그래서 가장 자유롭게 시간을 쓸 수 있는 금, 토, 일을 중점적으로 일주일 루틴을 짰어요. 우선 매주 금요일을 '이번 주도 신상이 나온다!'라며 신제품 출시일로 잡았습니다. 카카오 스토리에 게시글을 올리면 사람들이 이번 주에는 무슨 비누가 나올까, 다음 주에는 무슨 비누가 나올까 기대된다는 댓글을 달곤 했어요. '아름다운 가게' 때 옷들을 조합해 패션 코디네이션을 판매했다면 이번에는 비누를 매개체로 '기대감'을 판매한 겁니다. 그렇게 금요일에 새 디자인의 비누가 출시되면 금, 토, 일에 가장 많은 매출이 나왔습니다. 월, 화, 수, 목에는 고만고만한 매출이 나오고 다시 금요일에 신상 비누가 나오면 주말에는 반복적으로 불타나게 팔렸어요. 몰드를 이용해 디자인을 다양화한 건 '신의 한 수'였습니다. 아시다시피 비누는 한 번 사면 최소 몇 달 동안 사용하므로 새것을 살 때까지 텀(Term)이 있는데 예쁜 디자인의 몰드로 한정판 신상을 찍어내니 예쁜 비누를 수집하는 단골이 생겼습니다. 같은 고객이 지난 주에 산 비누를 벌써 다 썼을 리가 없는데 이번 주 신상 비누까지 구매하는 충성고객이 여러 명 있었죠.

사실 어머니는 제 '1주일 1신상' 정책을 달가워하지 않으셨어요. 세심한 디테일까지 신경 써 예쁜 비누를 만들려면 손이 많이 가니 당연했습니다. 그때마다 저는 후기와 판매량을 보여드리며 어머니를 설득했어요. 이렇게 만들어야 아이들이 좋아한다고. 더 잘 팔린다고. 실제로 어머니 손이 고생할수록 입금되는 금액이 달라지니 결국 어머니도 수긍하시고 묵묵히 비누를 만드셨어요. 아이디어가 멋지게 성공해 탄력을 받은 저는 더 잘 팔 방법을 계속 궁리했습니다. 처음에는 단순히 예쁜 디자인을 만들었다가 나중에는 데이 마케팅을 접목했어요. 봄이 오면 벚꽃 모양 비누를 만들고 5월 어버

김수환무네 천연 수제비누 샵

이날이 오면 카네이션 모양 비누를 만드는 식으로요.

'이번 주에 나올 신상 비누의 정체를 맞춰보세요!' 사전 이벤트를 열고 초성 퀴즈 이벤트를 하고 신상 비누를 구매한 사람 중 몇 명을 추첨해 기프티콘을 주는 이벤트, 선착순으로 사은품을 증정하는 이벤트, 친구 소환으로 데려온 친구와 함께 비누를 구입한 사람에게 선물을 주는 이벤트, 비누를 일정 금액 이상 산 사람에게 서비스로 거품망을 주는 이벤트 등 생각나는 이벤트와 프로모션을 전부 시험해봤습니다. 사진도 신경 써 찍기 시작했습니다. 배경과 소품을 어떻게 배치할지, 촬영 구도를 어떻게 잡을지, 조명을 밝게 할지 어둡게 할지 등을 따져가며 비누를 예쁘게 찍는 방법을 연구했어요. 나중에는 저만의 스타일이 생겼는데요. 다이소에서 구매한 초록색 체크 무늬 천을 깔아놓고 비누 옆에 소품을 장식해 촬영했습니다.

일찍이 후기의 위력을 절감한 저는 인플루언서 마케팅에 도전했습니다. 현재의 인스타그램이 그렇듯 당시 카카오 스토리에도 팔로워 수가 많은 큰손이 있었어요. 그들에게 비누를 협찬해주는 대신 셀카 사용 후기를 올려달라고 부탁드렸습니다. SNS 특성상 인플루언서가 게시글을 올리면 1차로 인플루언서를 따르는 팔로워에게 콘텐츠가 다 보이고 그중 누군가가 게시글을 공유하면 2차로 공유한 사람의 친구에게도 글이 보여요. 이렇게 계속 전파가 되니 나중에는 1020 친구들이 카카오 스토리에 접속하면 어디를 들어가든 제 비누가 노출되었어요.

비누샵 출입문

그 결과, 카카오 스토리 투데이 방문자가 10만 명을 넘기고 게시글 조회 수는 3만을 넘겼습니다. 출입문이라고 부르는 브랜딩 페이지는 공유 수가 1만이 넘었고요. 제 기획과 실천이 큰 숫자를 만들어낼 때마다 짜릿한 성취감을 느꼈습니다. 지금도 기억이 생생한데 한창 인기 절정일 때 비누 신상을 주문하는 카카오톡이 700개나 들어왔어요. 온라인 쇼핑몰이 아닌 카카오 스토리에서 팔았기에 간편결제가 안 되어 카카오톡으로 주문을 받았거든요. 넘치는 주문 수량을 다 맞추기 위해 온 가족이 달라붙었어요. PC

와 스마트폰으로 카카오톡을 실행해 아버지는 PC로, 저는 스마트폰으로 주문을 접수했죠.

당시는 카카오톡이 개발된 지 얼마 안 되어 요즘 카카오톡처럼 기능이 많지도 않았고 최적화도 덜 되었는데요. 처음 카카오톡을 켤 때 속도가 빠르면 주문이 별로 안 들어온 것이고 속도가 느리면 주문이 많이 들어왔다는 걸 알 수 있었습니다. 접수가 끝나면 어머니를 필두로 저와 아버지가 도와 비누를 계속 만들었는데요. 주문량이 많아지니 저희 일가 셋에서는 감당이 안 되어 나중에는 8평 부지 공장을 얻고 1,000만 원어치 기계까지 들여왔어요. 삼촌을 파트타임 알바로 고용해 월급 120만 원을 주고 비누 기계를 돌리게 했습니다. 거기에 할아버지, 할머니까지 비누 포장을 도와주셨어요. 조부모님은 손녀딸이 어린 나이에 돈도 벌고 삼촌 일자리까지 만들어줬다며 매우 기특해하셨습니다.

이렇게 딸은 신제품 기획, 개발, 마케팅 담당, 아버지는 CS 담당, 어머니와 삼촌은 생산 담당, 조부모님은 잡무를 보조하는 가족 기업 시스템이 완성되었습니다. 주 고객층은 10대 학생들이었는데 아직 성인이 아니어서 계좌이체보다 평일에 은행에 가 무통장 입금을 하는 경우가 많았어요. 그래서 월요일이 매출이 가장 많은 130만 원, 화요일 100만 원, 수요일 70만 원, 목요일 40만 원, 금요일 30만 원이었죠. 금요일에 신상 공개로 다시 월요일에 130만 원이 들어오는 사이클이 자리잡았습니다. 제가 중학교 2학년 때 비누 사업이 전성기를 맞았는데 연 매출 5억 원이 나왔어요.

이쯤 되니 사업과 관련된 현실적인 문제에 직면했습니다. 비누 30개를 중고거래하는 정도면 몰라도 매출액이 이 정도로 커지자 세금을 내야 했어요. 또 비누를 이렇게 많이 팔면서 KC 인증은 있냐며 지적하는 댓글도 있었습니다. 문제는 어머니는 가정주부, 아버지는 회사원이어서 어떻게 사업자등록을 내는지, 어떻게 KC 인증을 받는지 아는 사람이 없었어요. 제가 열심히 인터넷을 검색해 어떤 서류를 준비해 무엇을 하면 되는지 아버지께 알려드렸고 무사히 개인사업자 등록, 통신판매업 신고, KC 인증 절차를 밟을 수 있었습니다.

그 밖에도 비누 사업을 하면서 힘든 점이 많았습니다. 우선 학생 신분에서 사업과 공부를 병행하자니 시간이 빠듯해 상위권 성적을 유지하기 위해 잠자는 시간을 줄이는 경우가 많았어요. 쇼핑몰 사업인 이상 CS와 환불 문제도 당연히 있었고요. 주로 성분과 관련해 CS할 일이 많았는데요. 녹차 비누를 예로 들면, 먹는 것과 바르는 것은 달랐습니다. 녹차를 마실 때 아무 문제가 없는 사람도 녹차를 피부에 바르면 알레르기 반응이 일어나 환불과 사죄를 드려야 하는 경우가 종종 있었어요. 특히 가장 힘들었던 건 중상모략이었죠. 앞서 인플루언서 마케팅으로 엄청난 효과를 봤다고 말씀드렸죠? 그런데 팔로워가 많은 큰손과의 콜라보가 양날의 검이 되기도 하더라고요. 인플루언서에게는 비누 후기를 올려주는 대신 보상을 챙겨줬는데 그 보상이 마음에 안 들었는지 사람들을 선동해 저를 몰아세운 겁니다. 그 사건을 자세히 말씀드리자면 팔로워가 많은 인플루언서가 파벌을 만들어 '김수환무네에게 진실을 요구합니다'라며 해명을 요구했습니다. "비누를 베이킹 몰드로 만드는 것 같은데 그 몰드가 플라스틱 재질 아니냐. 비누를 만드는 과정에서 나쁜 물질이 새어 나올 것이다. 그걸 사는 우리는 성분 나쁜 비누를 피부에 바르는 것 아니냐? 당장 해명하라!"

사실 조금만 생각해보면 모순임을 알 수 있습니다. 저는 엄연히 비누용 몰드를 사용했지만 설령 베이킹 몰드를 사용했더라도 유해물질 논란은 있을 수 없거든요. 왜냐하면 빵은 오븐에서 구워지는데요. 베이킹 몰드는 100℃보다 뜨거운 곳에서 사용되는 것을 상정하고 만들어지기에 애당초 고온에서 유해물질이 나올 리 없는 거죠. 하지만 팔로워가 많은 7인방이 저를 동시에 깎아내리니 순진한 10대 친구들은 금방 현혹당했습니다. 한 명의 비누 후기가 바이럴되었던 것처럼 안 좋은 소문도 금방 바이럴되어 하루에 300~400만 원 하던 매출이 농담이 아니고 3만 원으로 급락했어요. 중학생인 저는 상황에 따라 사람들이 무서워질 수 있다는 걸 살면서 처음 깨달았습니다. 당연히 가족 사업에 비상벨이 울렸고 할아버지 저택에 어머니, 아버지, 삼촌, 이모, 할머니, 할아버지가 다 모여 비상회의가 열렸어요. 그런데 저를 제외하고 모두 SNS에 익숙치 않은 세대여서 이런 사태에 어떻게 대처해야 하는지 아시는 어른이 아무도 없었습니다. 아무도 이렇다 할 해결책을 못 냈고 결국 저는 이 문제도 어른들에게 의지하지 못한 채 저 혼자 다 감당해야 한다는 직감에 서글퍼졌어요. 울분을 못 참고 맨발로 집에서 뛰쳐나와 뒷산에 올라가 엉엉 울었습니다.

김수환무네 비누샵을 음해하는 상황이 1주일 넘게 이어졌고 저는 학교생활에도 지장이 생길 정도로 스트레스가 극심했어요. 잠을 자는데 누군가가 저를 비방하는 꿈을 종종 꿔 등에 식은땀을 흘리며 깰 지경이었어요. '혹시 누군가가 나를 또 공격하지 않았을까?' 컴퓨터를 켜 아무 일도 없음을 확인하고 나서야 안심하고 다시 잠들었어요. 이런 상황을 어떻게 해결해야 할지 검색한 끝에 결국 변호사의 도움을 받기로 했습니다. 직접 사무실을 찾아가면 꽤 비용이 드니 전화상담을 받았어요. 그리고 조언대로 저를 비방한 7인방에게 내용증명을 발송했습니다. 그들 모두 협찬 당시 제게서 리워드를 제공받았으니 집 주소를 알고 있었거든요. 그러자 본인이 울면서 전화를 하거나 부모가 자식 교육을 잘못했다며 똑바로 가르치겠다는 전화가 왔어요. 솔직히 저는 속이 부글부글 끓어 용서해주고 싶은 마음이 없었는데 어머니와 아버지께서 저를 만류하셨어요. "지흔아! 물론 얘네가 잘못했지만 아직 어린 10대 잖니? 자기가 한 행동이 도의적으로 옳은지 그른지도 잘 모르는 나이야. 너한테도 울면서 전화했잖아. 자기네 잘못은 충분히 깨달 았을 테니 이번 한 번만 용서해주자."

결론적으로 지금까지 올린 비방글을 다 내리고 사과문을 게시하는 것으로 사건은 마무리되었습니다. 하지만 아쉽게도 '진실을 요구합니다'라는 비방글은 그렇게 빨리 퍼졌지만 사과문은 바이럴이 잘 안되어 파급력이 약했어요. 한 번 무너진 이미지는 이전으로 돌아갈 수 없었습니다.

03

유통의 신천지,
동대문을 알게 되다

    중상모략 사건으로 마음이 피폐해진 저는 학교에 계시는 심리상담 선생님에게서 멘탈 케어를 받으며 차츰 마음을 추스렸습니다. 당시 미숙한 중학생 시절이어서 안 좋은 일을 겪고 예민해져 같은 반 친구에게도 필요 이상으로 짜증을 부리는 등 잘못이 있었는데요. 저는 제가 어려서 이런 일을 감내하지 못한다고 생각했는데 선생님은 그렇지 않다며 위로해주셨습니다. 제가 어려서가 아니라 어른이라도 일만 하면서 살면 미칠 수밖에 없다고 말이죠. 그 말이 제게 큰 위안이 되면서 안정을 되찾을 수 있었던 것 같아요.

    그렇게 저는 비누 사업을 계속하며 세 번째 사업 아이템을 구상했습니다. 아버지, 어머니에 더해 조부모님과 삼촌까지 가족 사업이 체계를 잡았기에 시간을 낼 수 있었죠. 비누를 자주 사주는 단골이 많으니 그들이 좋아할 만한 다른 아이템을 추가로 팔아보고 싶었어요. 실제 프로모션 이벤트를 할 때도 10대 학생들이 좋아할 만한 사은품을 넣어주면 반응이 달랐기에 성공 확률이 높은 아이템 확장 전략이라고 생각했습니다. '내게서 비누를 사는 고객은 대부분 10대 학생들. 그들이 비누 말고 무엇을 좋아할까?'

방산시장에서 몰드를 구했듯이 제 고객들이 좋아할 만한 다른 아이템을 발굴할 시장을 찾기 시작했습니다. 재미있는 사실은 지금은 스마트 스토어 위탁판매로 유명한 도매꾹이 당시도 있었다는 거예요. 중학생인 저도 인터넷으로 시장을 조사하다가 도매꾹을 알게 되었는데요. 제가 찾던 물건이 없어 관심을 버리고 눈에 들어온 곳이 바로 동대문 시장이었습니다.

동대문 시장

동대문을 알게 된 건 제 유통사업 역사에 큰 한 획을 그은 대사건이었어요. 아시는 분들은 아시겠지만 우리가 일상적으로 쓰는 공산품의 출처는 대부분 ① 중국에서 제조되어 ② 동대문으로 넘어오고 ③ 동대문에서부터 홍대, 부평 등 전국 방방곡곡으로 퍼져나가거든요. 즉, 동대문은 국내 유통의 총본산과 같은 곳인데요. 동대문이 정말 대단한 점은 동대문에는 없는 것이 없다는 겁니다. 제가 밖에서 예쁜 아이템을 봤거나 TV나 인터넷에서 신기한 것을 보고 '오늘 나는 저걸 찾는다!' 타깃을 정하고 수소문하면 거의 무조건 그 아이템을 발견할 수 있다는 거예요. 이 사실을 알게 되었을 때 저는 '아름다운 가게'에서 코디한 옷이 팔렸을 때처럼, 몰드로 디자인한 비누가 완판되었을 때처럼 '이건 돈이 된다'라는 직감으로 설레기 시작했습니다. 비누샵을 하면서 모아둔 종잣돈도 넉넉해 새로운 아이디어를 시험할 환경도 충분히 갖추었고요.

　한 가지 아쉬운 점은 제가 중학생이어서 시간을 많이 내지 못한다는 것이었습니다. 학교가 4시에 끝나는데 동대문은 6시에 문을 닫으니 학교가 끝나자마자 동대문으로 달려가도 시장을 둘러볼 시간이 1시간도 채 되지 않았어요. 그나마 중간고사, 기말고사 보는 날에 시간 투자를 가장 많이 할 수 있었습니다. 그때는 학교가 11시에 끝나니 시험공부하느라 밤새하고도 시장으로 달려가 문 닫을 때까지 돌아다니고 시원한 콩나물국밥으로 속을 채우고 귀가하곤 했어요. 제 전략은 남들만큼 시장을 자주 다닐 수 없으니 내가 집과 학교에 있는 시간에도 상품 정보를 받아볼 수 있도록 동대문 사장님과 안면을 트는 것이었습니다. 동대문 시장은 아이템이 정말 다양했는데 제가 학생이다 보니 예쁜 문구와 액세서리에 유독 눈길이 갔어요. 그래서 제품 몇 가지를 구입한 후 카카오 스토리에 새 채널을 만들고 상품을 올린 후 화력이 좋았던 비누샵 계정으로 태깅해 비누를 사는 기존 팬이 문구나 액세서리도 구매하도록 유도했습니다. 저와 같은 10대 친구들이 비누를 많이 샀으니 그들이 필요로 할 만한 다른 상품들을 계속 추가하면서 뭐가 잘 나가는지 테스트한 거죠.

이 물건 저 물건 자주 주문하니 하나둘 단골 거래처가 생겨 나중에는 새로운 물건이 입고되면 동대문 사장님들이 사진을 찍어 카카오톡으로 제게 보내주신 덕분에 제가 동대문까지 직접 가 주문하지 않아도 제품 사진을 쭉 구경하면서 "이거 몇 개, 저거 몇 개 주세요."라고 주문하고 집으로 제품을 배송받았습니다. 제가 샘플도 많이 구입하고 카카오 스토리로 잘 나가는 상품은 100만 원 넘게 구매도 하니 동대문 사장님도 "어린 친구가 대단하네!"라며 칭찬해주셨어요. 제가 필요한 제품을 말하면 그 제품을 취급하는 동대문의 다른 사장님을 소개해줘 원하는 상품을 바로 확보할 수 있는 인맥을 구축할 수 있었어요. 구하고 싶은 물건을 대부분 구할 수 있는 환경이 갖춰지자 팔아보고 싶은 물건도 많아 다양한 제품을 팔아봤는데요. 지금도 기억나는 성공 사례를 말씀드리자면 여름철 손풍기가 많이 팔렸습니다. 귀찌도 큰 히트를 쳤어요. 한창 꾸미고 싶은 나이대의 여학생이지만 귀를 뚫고 화장하면 부모님과 선생님에게서 야단맞잖아요? 귀찌는 클립처럼 귀를 찝거나 나사처럼 조여 귀에 고정할 수 있는 액세서리에요. 귀를 뚫지 않고도 귀걸이 찬 패션을 연출할 수 있어 학생들이 방과 후나 주말에 놀러 갈 때 애용했습니다. 비누를 팔 때처럼 이 귀찌의 디자인을 다양화하자 역시 반응이 뜨거웠고요. 후기를 보면 고객이 이 상품을 산 이유가 자세히 나오거든요. 학교 밖에서 꾸미고 싶어 하는 여학생들의 풋풋한 니즈를 발견한 저는 마케팅 측면에서도 이를 활용했습니다.

여학생들은 틴트를 정말 좋아하는데 틴트를 직접 구매하면 부모님의 잔소리를 들어요. 그러니 부모님이 잔소리 안 할 문구 상품을 일정 금액 이상 구매하면 사은품으로 틴트를 끼워드리는 거죠. 프로모션임에도 불구하고 학생들이 정말 고마워했습니다. 마찬가지로 목걸이, 팔찌와 같은 액세서리도 동대문에서 가져온 그대로 팔 수도 있었지만 디자인을 다양화하자 반응이 더 좋았어요. 별과 달이 함께 있는 '러브문 액세서리'를 만들어 판 적이 있는데 별 액세서리와 달 액세서리를 따로 사 붙여 만들었고요. 알파벳 B,

T, S를 따로 산 후 조합하면 BTS 액세서리가 되는 식으로 계속 신상을 기획했습니다. 제가 샘플을 만들면 본격적인 생산은 어머니께서 담당하셨어요.

BTS 액세서리를 비롯해 연예인 액세서리의 반응이 매우 뜨거웠습니다. 여학생들은 한창 연예인 좋아할 나이잖아요? 연예인이라고 무조건 명품만 입고 다니진 않거든요. 반지, 목걸이, 귀걸이 등 학생들 용돈으로도 충분히 따라 할 수 있는 기본 아이템을 노렸습니다. 예를 들어, 유명 보이그룹 멤버가 십자가 모양의 귀걸이를 차고 나왔다면 그것과 완전히 같진 않아도 최대한 비슷한 십자가 귀걸이를 동대문에 수소문해 카카오 스토리에 올리고 또 카카오 스토리에 있는 해당 보이그룹 팬클럽에 협찬을 해줘 제 채널로 들어오도록 유도했습니다. 그 과정에서 다른 연예인 상품이나 액세서리가 추가로 나가기도 했고요.

유통으로 물건을 팔아보고 싶은데 어떤 아이템을 소싱해야 좋을지 제게 물어보는 분도 가끔 계신데요. 저는 자신이 관심 있고 잘 아는 분야로 시작하라고 말씀드려요. 당시 제 고객은 저와 같은 여학생이었고 저는 당연히 제 타깃 고객이 어떤 상품을 좋아하는지 잘 알고 있었습니다. 같은 반 친구들에게 물어보면 알려주기도 했고요. 그래서 동대문에 가도 여학생들이 좋아할 상품을 가져올 수 있었고 사은품도 잘 챙겨줄 수 있었습니다.

예를 들어, 요즘 학급 여자애들 사이에서 인기 만점인 화장품이 있다면 집과 가까운 토니모리 지점에 전화를 걸어 30개 정도만 빼달라고 부탁한 후 방과 후 돈을 지불하고 물건을 받아와 사은품으로 주기도 했어요. 사은품 값이 만만치 않았지만 프로모션 비용으로 쓴다고 생각하고 과감히 투자했습니다. 이 프로모션이 정말 중요한데요. 저는 비누샵 때와 마찬가지로 문구 & 액세서리 쇼핑몰도 매주 신상을 만들려고 노력했습니다. 그런데 몰드만 있으면 신상을 만들 수 있는 비누와 달리 액세서리는 매주 신상을 만들기 힘들었어요. 제 아이디어에도 한계가 있으니까요. 그럴 때는 할인 프로모션이라도 했습니다. 어쨌든 '이 쇼핑몰은 매주 금요일마다 뭔가 있다!'라는 기대감이 깨지지 않도록 컨셉을 유지했죠.

매주 신상 발표나 프로모션이 있으면 별다른 일이 없어도 궁금해 찾아오는 고정 팬층이 생기고 이 충성고객이 자기 친구에게 권하는 등 신규 고객 유입을 만들어내기 위해서는 신규 상품과 이벤트 프로모션이 필수였어요. 액세서리나 문구를 팔고 남은 애매한 재고는 비누를 꾸준히 사는 고객에게 사은품으로 넣어주는 등 효율적인 운영을 궁리했습니다. 비누샵 때도 그랬지만 이때도 수많은 아이디어를 시험했는데요. 그중에는 생각만큼 성과를 내지 못하고 철수한 아이디어도 당연히 많았어요. 동대문은 없는 것 빼고 다 있는 시장이지만 그래도 역시 패션으로 가장 유명하죠. 의류 쇼핑몰을 만들어볼 생각에 옷을 떼와 팔아본 적도 있습니다. 학교 친구 중에서 예쁜 퀸카를 꼬셔 모델비를 주고 협조를 받았어요. 샘플 옷을 입히고 카메라로 촬영했는데요. 의류 쇼핑몰은 사진 퀄리티가 정말 정말 중요한데 제가 전문 포토그래퍼가 아니다 보니 한계가 있었습니다. 다 팔리지 않으면 재고 부담도 커 동대문 의류 사업은 몇 번 해보고 그만두었습니다.

04

친구들과 함께 한 노점의 추억

연예인 액세서리 이야기가 나온 김에 재미있는 에피소드 하나 들려드릴게요. 저는 중학교 2학년, 3학년 때 노점상을 한 적이 있는데요. 당시 제가 살던 집 근처에 콘서트장이 있었습니다. 공연 일정만 잡히면 사람들로 항상 바글바글했어요. 그 인파를 보면서 문득 이런 생각이 들었습니다. '온라인은 사람이 모이는 곳에 좌판을 벌이면 옷, 비누, 액세서리, 문구가 팔렸어. 그럼 오프라인도 마찬가지 아닐까? 사람이 저렇게 많이 모이는데 저기에는 어떤 아이템을 가져와 좌판을 벌이면 잘 팔릴까?'

맨 먼저 떠오른 건 연예인 굿즈였습니다. 유명 가수나 아이돌의 공연을 보러 모인 사람들이니까요. 또 학교에서 같은 학급 여학생들에게서 들은 이야기도 있었어요. 좋아하는 보이그룹 팬클럽에 가입하면 회원들끼리 비공식 굿즈를 만들어 사고파는 문화가 있는데 '최애' 오빠 굿즈를 사느라 용돈이 항상 부족하다고요.

'연예인 굿즈는 틀림없이 잘 팔릴 거야. 굿즈와 액세서리를 팔아보자. 그런데 거리에 좌판을 벌이는 건 처음인데… 아무래도 한 명 더 필요하겠어. 내가 손님 상대하는 동안 돈을 걷고 물건을 건네줄 사람이 필요하니까.'

지금까지 해온 온라인 사업은 저 혼자 시작해 일손이 필요하면 가족과 친척을 끌어들였는데요. 노점은 분업이 필요하니 친한 친구 중에서 연예인을 좋아하는 애를 꼬셨습니다. 콘서트가 열리는 며칠 전부터 계획을 짜 함께 굿즈를 만들고 당일 물건을 바리바리 싸들고 출전했는데요. 좌판을 깔고 연예인 굿즈를 파는데 제가 만든 굿즈는 다 팔려 저는 80만 원을 벌었는데 친구 것은 몇 개 팔리지 않아 겨우 4만 원을 번 겁니다. 원인은 디자인이었습니다. 같은 좌판에도 제 것의 퀄리티가 더 좋으니 친구 것이 상대적으로 안 팔렸던 거죠. 친구가 너무 속상해하길래 남은 재고는 제가 다 매입해 친구를 달래줬어요.

동대문 온라인 유통을 할 때 다양한 상품을 가져와 팔아보면서 손풍기, 귀찌, 연예인 액세서리 등 잘 팔리는 히트 아이템을 만들어냈듯이 노점을 할 때도 최대한 다양한 물건들을 가져가 어떤 게 가장 잘 나가는지 시험했습니다. 먼저 팔찌 주문 제작을 해줬는데요. 기본 줄 하나가 3,000원인데 여기에 예쁜 조형을 하나 추가할 때마다 추가 금액을 받는 식으로 판매했습니다. 3~4개 정도 붙이면 7,000~8,000원을 받았고 손님이 스스로 조합을 고르다 보니 만드는 과정에서 애착이 생겨 만 원을 주고 사셨어요. 만 원짜리 액세서리의 원가가 약 500원이었으니 마진이 쏠쏠했습니다. 손거울, 스티커, 메모지도 잘 나갔는데 메모지는 원가 480원을 2,000원에 팔았고 손거울은 원가 380원을 2,000원에 팔았고 스티커는 1,000장을 원가 8,800원에 떼와 10장씩 소분해 팔았고요. 부채가 정말 히트였는데 디자인 잘하는 분에게 맡겨 1,000개를 원가 10만 원에 가져와 개당 2,000원에 팔았습니다. 부채 1,000개를 다 팔면 200만 원을 벌어 190만 원이 이득이었죠. 그래도 잘 나가는 상품은 역시 연예인 굿즈였습니다. 연예인 굿즈도 종류가 정말 많은데요. 가장 잘 팔리는 굿즈를 추려보니 미니배너와 연예인 등신대 사진이 가장 많이 팔렸어요. 등신대 사진은 원가가 2,300원인데 6,000원에 팔렸고 잘 안 팔리는 날에는 2,000원을 깎아 4,000원에 팔았습니다. 그럼 사람들이 싸다면서 완판되었고요. 사람들이 막 몰려 자기가 사겠다고 경쟁이 붙을 때도 있었습니다. 그럴 때는 제가 경매로 팔겠다고 선언해 반대로 가격을 올려 받았어요. 그러자 6,000원인 등신대가 만 원에 팔리는 날도 있었습니다. '아름다운 가게'에서 옷을 가져와 팔 때 경매로 팔아본 경험이 큰 도움이 되었죠.

  몇 번의 경험을 통해 자신감을 얻은 저는 본격적으로 비즈니스에 나섰습니다. 콘서트가 항상 있는 게 아니기에 돈 벌 기회는 한정적이었고 그 기회를 최대한 살리기 위해서는 준비가 필요했어요. 사흘 동안 개최되는 콘서트가 있다면 굿즈를 사흘 내내 팔아야 하니 사전에 충분한 물량을 확보해야 합니다. 굿즈가 공장에서 만들어져 배송되기까지 시간이 걸리기에 콘서트 개최 1주일 전부터 잘 팔릴 굿즈를 기획해 발주했습니다. 친구들도 여러 명 불러 제 집에서 합숙했습니다. 각자의 역할과 담당을 배정하고 어떤 상황에서 어떤 식으로 고객에게 응대하면 되는지 행동 지침을 공유했어요. 그리고 다 함께 일찍 잠자리에 들었고 새벽 4시에 일어나 전장으로 향했습니다.

몇 번 콘서트장을 가보면서 알게 된 사실인데요. 골수팬들은 콘서트 시작 6시간 전에 미리 와 기다리거나 하루 전날 텐트를 쳐놓고 노숙까지 했습니다. 표를 가진 사람부터 선착순으로 입석하는 방식이니 1등으로 들어가 연예인이 가장 잘 보이는 명당을 선점하겠다는 생각이죠. 콘서트 시작 한참 전에 도착해 할 게 없는 이분들을 대상으로 저와 친구들의 1차 판매가 시작됩니다. 좌판을 벌여 액세서리와 굿즈를 진열하면 심심한 대기자들이 호기심에 한 번 보고 사갔어요. 저와 친구들이 손발을 맞춰 정신없이 상품을 팔면 콘서트가 시작되고 그럼 사람들이 콘서트장 안으로 우루루 몰려 들어갔습니다. 이때가 우리의 휴식시간이죠. 1차 판매가 끝났으니 총매출액을 세어보는 정산 타임입니다. 열심히 액세서리와 굿즈를 팔면 최소한 현찰 수십만 원이 쌓이는데요. 중학생 입장에서는 이 큰돈을 손에 들고 있자니 얼마나 떨리겠어요? 혹시 우리가 지폐 세는 것을 훔쳐본 날치기나 깡패가 돈가방을 빼앗아 갈지 무서워 인적이 드문 곳으로 옮겨 돈을 셌습니다. 주위를 둘러보고 '아무도 없지?' 확인되면 저는 구석에 쪼그려 앉아 돈가방을 열어 액수를 세고 남은 친구 셋이 일렬종대로 어깨동무해 돈을 세는 제가 안 보이도록 커튼 막 역할을 했습니다.

"얘들아! 61만 3,400원 벌었다!"
"어머, 어머! 대박이다. 지흔아!"

정산이 끝나면 콘서트가 진행되는 동안 친구들과 함께 밥을 먹었습니다. 이른 새벽부터 육체노동을 하니 저를 포함해 모두 배가 너무 고팠어요. 일하는 중에는 물은 몰라도 간식 먹을 시간을 제가 적게 줬거든요. 편의점 컵라면만 후루룩 먹고 오는 거라면 모를까, 거기에 삼각김밥과 디저트까지 먹고 오는 건 금지했어요. 먹는 걸로 치사하게 굴고 싶진 않았지만 네 명 중 한 명만 빠져도 일손이 부족해 매출에 지장이 생기기에 어쩔 수 없었습니다. 애들이 농담 반으로 저를 악덕 사장이라고 놀렸는데요. 그래서 한가롭게 밥 먹을 수 있을 때는 속이 든든해지는 삼겹살을 자주 먹었어요. 돌이켜보면 그때 친구들과 먹은 삼겹살과 된장찌개가 제 인생에서 가장 맛있는 삼겹살 같습니다.

저는 14살 때부터 7년 동안 사업을 해왔는데 노점이 가장 힘들었습니다. 콘서트는 계절을 안 가리고 열리는데 겨울에 가장 많이 열립니다. 장화, 코트, 귀도리, 마스크, 돈가방으로 무장하고 새벽 4시에 문을 열면 골병 들 것처럼 추웠어요. 그렇게 단단히 껴입으면 사람들은 제가 중학생인 것도 모르고 '아줌마! 아줌마!'라고 불러 끝나고 나서 친구들끼리 내가 그렇게 노안이냐며 속상하다는 농담도 주고받았습니다.

20대인 지금 다시 하라면 절대로 못 할 것 같은데요. 체력 소모가 정말 극심한 일인데 친구들과 삼겹살 먹으며 콜라로 건배하고 돈을 많이 번 날은 약속한 것 이상으로 친구들에게 인센티브를 주며 다 함께 웃었기에 헤쳐나갈 수 있었던 것 같습니다. 고기로 속을 든든히 채우고 저희는 다시 콘서트장으로 이동했습니다. 기다리면 콘서트가 끝나고 사람들이 다시 몰려나왔는데요. 그때가 바로 2차 판매 시작입니다. 콘서트를 본 사람들은 기분이 한껏 달아오른 상태이고 그냥 귀가하기 아쉬우니 돈을 탕진하는 습성(?)이 있더라고요. 2차 판매는 1차 판매와 달리 장시간 장사할 수 없거든요. 콘서트가 끝나고 귀가하는 사람들이니까요. 그런데 재미있는 사실은 낮에 하루 종일 액세서리, 굿즈를 판 매출액과 콘서트장에서 나온 사람들에게 1~2시간 동안 판 매출액이 거의 같다는 겁니다.

콘서트장 노점 일도 마냥 쉽지만은 않았습니다. 아예 이 일이 생업인 아주머니들이 계셨습니다. 그분들 입장에서는 저희가 굴러들어온 돌이었죠. 새로운 경쟁자가 나타나니 텃세를 부리고 심지어 쌍욕까지 해가며 견제했습니다. 친구들이 무섭다며 움츠릴 때도 저는 꿋꿋이 버텼습니다. 제 돈을 투자해 공장에서 제품도 받았고 함께 용돈을 벌자고 친구까지 데려왔는데 제가 물러설 수는 없었으니까요. 그래도 같은 곳에서 장사하는데 척을 져 좋을 건 없겠다는 생각에 나중에는 일찍 나와 "추운 새벽부터 고생 많으시죠? 따뜻한 거 드셔가면서 하세요."라며 두유를 돌리며 친목을 다졌어요. 그렇게 친해진 아주머니 중에 해외 콘서트까지 따라가 물건을 파는 분이 계셨는데요. 제가 굿즈를 잘 파는 것을 보고 자기가 돈을 좀 줄 테니 잘 팔리는 것들로 예쁘게 디자인해 물건을 넘겨달라고 부탁했어요. 200만 원을 받고 매상이 잘 나가는 굿즈로 엄선해 드렸는데 생각해보니 그것이 제 인생 최초의 도매 사업이자 해외 수출이었습니다. 액세서리와 굿즈를 팔다 보면 아르바이트 경비 일을 하는 20대 초반 오빠들이 좌판을 치우라며 제재를 하는데요. 그럴 때는 지시에 따르는 척 물건을 정리해 피해 있다가 경비원이 사라지면 좌판을 다시 벌이거나 선행조가 멀찌감치 먼저 좌판을 펴고 개업 준비를 마치면 다른 친구가 "이쪽으로 오시면 되세요!"라며 손님을 유도하곤 했습니다.

  콘서트가 열릴 때마다 서로 자주 보다 보니 나중에는 낯이 익어 "얘들아! 지금 집중단속 시간이니까 저쪽 가서 팔다가 2시간 지나고 와."라고 조언해주더군요. 그중에 마음 착한 오빠는 노점이 생업인 할아버지의 물건을 몰래 함께 팔아줘 돈을 챙겨주는 등 인간미를 느낄 수 있었습니다. 그렇게 산전수전 다 겪어가며 저와 친구들은 점점 노련해졌어요. 현금 장사를 하다 보니 거스름돈을 줘야 하는데 항상 천 원짜리 지폐가 부족했습니다. 저도 몇 번 겪고 나서 다른 지폐보다 천 원짜리 지폐를 최대한 많이 준비해 갔는데도 부족했어요. 그럴 때는 손님에게 "죄송한데 거슬러드릴 천 원짜리 지폐가 없어요. 이거 몇 개 더 드릴 테니 만 원에 맞춰주시면 안 될까요?"라고 부탁드리면 또 만 원어치를 구입해 주셨습니다. 액세서리와 굿즈를 잔뜩 가져오니 항상 재고가 남았는데요. 처음에는 집까지 들고 가 처분했는데 나중에는 요령이 생겨 박스에 잘 포장한 후 근처 야산을 찾아가 다 함께 힘을 합쳐 흙을 퍼내 박스를 묻고 나뭇잎으로 가려놨습니다. 상품이 잘 팔려 물건이 부족한 날이 있는데 다 떨어져가면 둘이 물건을 파는 동안 나머지 둘이 잽싸게 야산으로 뛰어가 묻어둔 장물을 꺼내와 상품을 보충하곤 했어요.

콘서트가 매번 있는 게 아니라 단기 아르바이트, 용돈벌이 느낌으로 시작한 노점상이지만 어느 정도 노하우가 쌓이자 한 번 나갈 때마다 하루 매출이 150만 원을 찍었습니다. 사실 순수익만 치자면 온라인 비누샵이 오프라인 노점상보다 훨씬 좋았지만 제게 중요한 건 돈 액수가 아니었습니다. 내 생각이 현실이 되면서 돈이 벌리는 과정 자체가 그저 즐거웠죠. 비누를 팔면 계좌이체로 돈이 들어오니 통장에 찍힌 금액을 보고도 내가 돈을 번 실감이 잘 안 나는데 노점은 물건이 지폐로 교환되니 하나하나 팔릴 때마다 피부에 와닿았습니다. 다 끝나고 집에 들어오면 저는 잔량이 3%만 남은 방전 직전의 스마트폰과 같았습니다. 제가 고생하고 돌아올 걸 아시는 어머니는 삼계탕을 끓여놓곤 하셨는데 그걸 먹고 씻자마자 침대에 쓰러져 혼절했어요. 그럼 부모님은 제 돈가방에서 동전, 1,000원, 5,000원, 10,000원짜리 지폐를 분리해 최종 정산하셨습니다. 제가 잠들기 직전, 부모님의 감탄사가 거실에서 들려왔습니다. "아이고, 우리 딸! 오늘 하루에만 150만 원이나 벌어왔네!"

05

중학생 사장, 쾌적함을 판매하다

온라인 쇼핑몰에 이어 오프라인 노점으로 짭짤한 용돈벌이를 한 저는 돈 버는 것에 대한 두려움이 사라졌습니다. 어떤 아이디어든 해보기 전까지는 모른다는 교훈을 얻었거든요. 어느 무더운 여름날이었습니다. 그 해 여름은 유독 더웠는데요. 집에서 에어컨을 켜고 선풍기를 쐬며 더위를 달래고 있었는데 문득 아이디어 하나가 머리에 떠올랐어요. '올해 여름 왜 이렇게 덥지? 지금 밖에 있는 사람들 정말 찜통이겠다. 어? 잠깐만… 그럼 사람들이 시원한 걸 원하지 않을까? 얼음물? 아냐. 그건 편의점에서 사면 돼. 쿨팩? 편의점에서 쿨팩은 안 팔지 않아?' 콘서트장을 보며 연예인 굿즈가 떠올랐듯이 더운 날씨에 거리에서 고생할 사람들을 생각하니 쿨팩에 강하게 끌리는 느낌이었죠. '올해 여름은 더워도 너무 더워. 쿨팩을 사서 거리에서 팔면 잘 팔리지 않을까? 아, 그럼 이 땡볕에 집 밖으로 나가야 하는데…' 이 폭염에 에어컨과 선풍기의 비호에서 벗어날 상상을 하자 끔찍했지만 반대로 생각하기로 했습니다. '내년에도 올해처럼 더울 거라는 보장은 없어. 그렇다면 이 아이디어는 지금이 아니면 기회가 없다는 뜻이야. 그래, 한 번 해보자!'

저는 네이버를 검색해 쿨팩 제조공장을 찾아 전화를 걸었습니다. 개당 원가를 묻자 60원이라네요. 300개를 만들어 고척동으로 퀵배송을 요청드렸어요. 그렇게 저는 비용 18,000원을 들여 쿨팩 300개를 확보했습니다. 실제로는 퀵 배달료까지 4만 원 정도 나갔죠. 수령 장소를 고척동으로 한 이유는 제가 빨리 나갈 수 있는 시내 중 유동인구가 가장 많았기 때문인데요. 고척동에서도 사람이 가장 많이 다니는 곳에 박스를 내려놓고 쿨팩을 개당 2,000원에 팔기 시작했는데 놀랍게도 쿨팩 300개가 10분 만에 다 팔렸습니다. 4만 원으로 60만 원을 번 거죠. '와! 사람들은 더운 걸 정말 못 참는구나!' 하기야 저도 학교에서 집에 가는데 폭염으로 정신이 어질어질해 이마에 쿨팩 하나를 붙이고 싶었으니까요. 돈도 벌었으니 근처 식당에 들어가 삼계탕을 사 먹고 집으로 돌아갔습니다.

'사람들은 폭염에 쿨팩을 원할 것이다.' 가설 검증 완료! 저는 그 길로 쿨팩을 더 많이 팔 방법을 궁리했어요. 사실 답은 이미 정해저 있었습니다. 함께 콘서트장을 헤쳐나간 전우들을 소집해 노점 조직을 재결성했어요. 쿨팩 300개가 10분도 안 되어 다 사라졌기에 이번에는 네 명이 해질녘까지 팔 수 있도록 꽤 넉넉한 분량을 주문했습니다. 친구들에게 쿨팩을 분배하고 나서 먼저 겪어본 입장에서 자세한 판매 요령을 알려줬어요. 그 후 "나는 동문으로 가겠다. 너는 남문을 맡아라. 너는 북문으로 가라. 너는 서문을 맡아라. 모두 해산!" 작전을 개시했습니다.

아니나 다를까? 이번에도 쿨팩이 엄청난 속도로 팔려나갔습니다. 저뿐만 아니라 친구들까지 가져온 물량을 전부 팔았는데 4시간 동안 200만 원의 매출을 올렸습니다. 그야말로 여름을 휩쓸었죠. 심지어 쿨팩이 너무 사고 싶은데 당장 지갑에 현금이 없자 스마트폰으로 입금할 테니 계좌를 알려달라는 사람도 있었습니다. 그래서 급한 대로 주변에 뒹구는 종이박스 귀퉁이를 뜯어 매직으로 계좌번호를 적어주자 돈을 송금하고 쿨팩을 받아가셨어요. 액세서리, 연예인 굿즈 노점은 제 나름대로 디자인 차별화를 할 수 있었는데 쿨팩은 아무 차별화가 없어 내심 걱정도 많았죠. 폭염이라는 특수한 상황에서 사람들이 쿨팩이라는 쾌적함을 찾았기에 가능했다고 생각합니다. '여름에는 쿨팩이 이렇게나 많이 팔렸어. 그럼 반대도 가능하지 않을까? 겨울에는 핫팩을 팔아보는 거야.'

몇 개월 후 그해 겨울 저는 실제로 거리에 나가 핫팩을 팔아봤습니다. 핫팩 공장에 전화를 걸어 개당 원가 20원에 핫팩 2,000개를 가져왔죠. 쿨팩이 워낙 잘 팔리니 핫팩도 당연히 잘 팔리리라 예상하고 처음부터 대량 발주한 겁니다. 그런데 웬걸? 쿨팩과 똑같이 개당 2,000원에 핫팩을 파는데 하루 종일 팔아도 겨우 100개만 나갔습니다. 그해 겨울은 역대급 한파까지는 아니지만 제법 추웠는데도요. 며칠 더 나가 팔아봤지만 2,000개나 되는 재고를 결국 다 팔진 못했죠. '사람들은 더운 건 못 참는데 추운 건 잘 참는구나!' 그렇게 또 한 가지 교훈을 얻은 저는 남은 핫팩을 들고 집으로 갔습니다. 핫팩도 처음부터 2,000개를 발주하지 말고 100개 정도만 시험 삼아 팔아보고 반응이 좋으면 추가 발주를 넣었어야 했는데 쿨팩이 성공했으니 핫팩도 당연히 잘 팔릴 거라고 김칫국부터 마신 게 잘못이었죠. 결국 저는 보일러를 덜 때고 핫팩을 원 없이 사용해 따뜻한 겨울을 보낼 수 있었습니다.

06

사업이냐, 학업이냐 그것이 문제로다

중학생 시절부터 시작한 사업 이야기를 쭉 들려드리고 있는데요. 잠시 주제를 바꿔 학생의 본분인 학업 이야기를 해보겠습니다. 제 부모님은 제 사업에 적극적으로 협조하셨지만 그래도 열심히 공부해 명문대에 진학하길 바라셨어요. 사업은 언제든지 할 수 있지만 공부는 때를 놓치면 기회가 없으니 일단 대학은 졸업하자는 것이었죠. 저는 천성이 욕심이 많아 중학생 시절, 사업과 공부 두 마리 토끼를 모두 잡고 싶었습니다. 그래서 신상 비누를 기획하고 동대문을 돌아다니고 카카오 스토리 쇼핑몰 채널을 운영하느라 바쁘게 지내면서도 하루 3시간은 꼭 공부에 할애했습니다. 시키지 않아도 알아서 공부하니 부모님도 공부하라는 잔소리를 하지 않으셨어요. 오히려 시험 기간에는 새벽 밤샘까지 하니 부모님이 공부하지 말고 자라며 뜯어말리셨어요.

하루는 비누가 엄청 잘 나가 주문 접수가 끝나자 새벽 2시가 되었는데 시험 기간이어서 바로 잠들지 못하고 책상 앞에 앉았습니다. '지금 시각, 새벽 2시. 학교에 지각하지 않으려면 7시에는 집에서 나가야 하니까 지금부터 2시간 공부하면 3시간은 잘 수 있어.' 교과서를 펴는데 너무 피곤해 그 순간 '나는 왜 이렇게 사는가?'라는 회의감이 들었습니다. 그렇게 마음이 약해질 때마다 '아냐, 지흔아! 너는 돈과 성적 둘 다 가질 거야. 넌 할 수 있어. 공부를 해야 돼.'라고 속으로 나 자신을 다그치며 기어코 2시간 동안 문제를 풀고서야 잠들었어요. 그렇게 독하게 잠자는 시간까지 줄여가며 공부했던 배경에는 지고 싶지 않다는 이유가 있었습니다.

맨 처음 중학교에 진학해 첫 중간고사 성적은 전교 56등이었어요. 1학년 전체가 약 156명이었으니 중위권이었죠. 그 결과를 보기 전까지 나 스스로 머리가 좋다고 생각했는데 예상 외의 결과에 충격을 받았습니다. '큰일났다. 강남도 아니고 강북 중학교에서 전교 56등이면 나 대학 못 갈지도 몰라. 나 무조건 공부한다. 다음 시험 때는 중위권에서 상위권으로 올라가겠어!' 저는 사업이든 공부든 이루고 싶은 목표가 생기면 어떻게든 끝을 보는 성격입니다. 독하게 공부하자 두 번째 시험에서는 전교 20등으로 올라갔고요. 세 번째 시험에서는 전교 12등으로, 마침내 학급 1등, 전교 4등을 차지했습니다. 국어, 영어, 수학, 사회, 과학, 역사는 올백에 가까운 점수가 나왔는데 음악, 미술, 체육에서 실수해 전교 1등은 하지 못했어요. 공부와 비누, 문구, 액세서리, 콘서트 노점 사업과 함께 제 중학교 시절은 끝났습니다. 처음에는 사립 고등학교에 진학하고 싶었는데 안타깝게도 성적이 부족했습니다. 사업을 안 하고 모든 시간을 공부에만 쏟아부었다면 합격했을 것 같은데 결국 잠실의 한 여고로 진학했어요.

그때부터 저는 현실의 벽에 부딪혔습니다. 중학교 공부는 요령만 제대로 알면 사업과 병행해도 전교 상위권이 가능했는데 강북권 중학교와 강남권 고등학교는 클래스가 달랐어요. 중학생 때 학급에서 1등을 하던 제가 고등학생이 되자 학급에서 22명 중 21등을 했습니다. 한창 수시전형으로 좋은 대학에 많이 갔던 세대여서 '이러다 대학 못 가는 것 아닌가?'라는 불안이 엄습했습니다. 할 수 없이 사업을 축소하고 매뉴얼화해 어머니께 위임하고 그렇게 확보한 시간을 공부에 투자했어요. 어머니가 저만큼 마케팅, 고객 응대를 잘하진 못해서서 매출이 크게 주저앉았지만 어쩔 수 없었습니다. 학교에서 공부하고 학원에서 공부하고 주말에도 공부, 공부, 공부 삼매경에 빠졌습니다. 당시 손에 타이머를 들고 다니며 공부 시간을 측정했는데요. 하루 평균 10시간 공부했는데도 성적을 뒤집기가 쉽지 않았습니다. 강남은 학구열이 뜨거워 학급 모든 학생이 저만큼 공부했으니까요. 결국 백기를 들고 말았습니다. 1학년 1학기를 마치고 강북의 남녀공학 고등학교로 전학 갔습니다.

새로 전학 간 학교는 놀 친구는 공부를 안 하고 공부하는 친구들만 공부하니 공부에 긴 시간을 투자하면 나름 선방할 수 있었습니다. 학교에서도 수시 SKY대 입학생을 만들기 위해 열심히 공부하는 친구들을 밀어주는 경향이 있었고요. 그런데 정작 사업을 어머니께 전부 위임하고 하루 종일 공부만 하니 어딘가 허망하고 답답한 기분이 들었습니다. 부모님들이 자녀들에게 많이 사주시는 책 중에 「공부가 제일 쉬웠어요」가 있습니다. 막노동으로 돈을 벌어가며 공부해 서울대 법대에 합격한 장승수 변호사님의 에세이인데 훗날 내가 「사업이 제일 쉬웠어요」라는 책을 쓸 수 있지 않을까 가끔 생각하곤 했습니다. 왜냐하면 인수분해, 4차 방정식, 연립부등식, 로그함수 등을 배우고 문제를 풀 때마다 '이 문제들 100점 맞는 것보다 사업해 하루에 100만 원 버는 게 훨씬 쉽겠다.'라는 잡념이 모락모락 피어올랐어요.

제게 사업은 단순히 돈을 떠나 삶의 재미이자 보람 자체였습니다. '아름다운 가게'에서 코디네이션을 팔 때도, 비누와 액세서리에 '신상을 향한 기대감'을 입혀 팔 때도, 콘서트장에서 굿즈를 팔 때도, 한여름 고척동에서 쿨팩으로 '쾌적함'을 팔 때도 돈이 전부가 아니었어요. 제가 주도적으로 아이디어를 내 적중시킬 때의 짜릿함과 즐거움이 가장 큰 동기부여였습니다.

'사업이냐, 학업이냐? 그것이 문제로다!'

저는 공부만 하는 게 너무 답답해 중학생 때처럼 돈을 벌고 싶었는데 부모님은 사업은 대학을 졸업하고 나서도 얼마든지 할 수 있으니 지금은 공부에 전념하라고 하셔서 알게 모르게 알력이 있었습니다. 그 작은 앙금의 균열이 점점 커지더니 결국 사건이 터지고 말았습니다. '사느냐, 죽느냐? 그것이 문제로다. 난폭한 운명의 돌팔매와 화살을 맞더라도 참고 견딜 것인가, 무기를 들고 밀려오는 고난에 맞서 끝까지 싸울 것인가?' 햄릿이 싸우는 길을 선택했듯이 저는 태어나 처음으로 부모님의 뜻에 반항해 가출해버렸습니다. 그렇게 급발진한 계기가 있었어요.

17살 고등학생 때의 일입니다. 저는 제가 사업해 번 돈으로 학원 수업을 들었는데요. 대치동에서 영어, 수학 합쳐 매달 120만 원을 내는 고액 과외였습니다. 지금 와 생각하면 그 과외가 문제의 시작이었어요. 영어 담당은 외대 출신 학원 강사이고 수학 담당은 서울대 출신 학원 강사였는데 둘이 서로 친해 영어 강사가 수학 강사를 소개해줬습니다. 월 120만 원 값어치를 했느냐고 묻는다면 그 돈이면 몇 배는 더 훌륭한 쪽집게 강사를 구할 수 있었을 것 같아요.

저는 원래 쇼핑몰 한다는 걸 아무에게도 알리지 않았습니다. 굿즈와 쿨팩을 함께 판 친구나 학교 상담 선생님만 제외하고요. 과외를 하며 어쩌다 사업으로 돈 번 이야기까지 했는데요. 제 이야기를 관심있게 듣더니 아예 법인을 만들어 제대로 사업해볼 생각이 없느냐는 겁니다. "지훈아! 선생님이 이야기를 들어보니 너는 공부할 재목이 아니다. 너는 사업을 해야 돼. 미국의 그 유명한 대기업 CEO들을 봐. 모두 대학을 중퇴하고 창업했잖니? 우리나라 학부모들은 다 공부해라, 하고 싶은 건 대학 졸업하고 나서 해도 안 늦다고 하는데 선생님이 볼 때 다 부질없어. 그건 재능을 망치는 길이야. 부모 뜻을 따라 억지로 학업을 할 바에 사업하면서 네 꿈과 재능을 마음껏 펼치는 게 낫지 않겠니?"

때마침 '스타일난다' 김소희 대표가 6천억 원에 로레알에 회사를 매각했습니다. 그런 사례를 보여주며 저를 열심히 설득했습니다. "봐봐. 이 사람 뭐 대단한 거 있니? 진짜 너처럼 동대문에서 옷 떼어와 팔았는데 6천억 원을 벌었다니까. 같은 일을 하더라도 개인 쇼핑몰을 할 게 아니라 법인을 만들어 주식을 발행하면 말이지. 회사를 키워 매각하잖아? 백 번 양보해 6천억 원까지는 몰라도 100억 원, 200억 원 버는 건 마냥 꿈이 아니야." 갈수록 과외 시간에 과외는 안 하고 사업 이야기만 했는데요. "부모님이 만류한다면 가출하는 게 어떻겠냐? 너는 대학에서 썩을 인재가 아니다. 우리가 다 경험이 있으니 법인 설립과 운영을 도와주겠다. 사업에 관해서도 걱정하지 마라. 개인적으로 친분이 깊은 회장님이 계신다. 그분이 중국에서 큰 사업을 하는데 국회의원과도 알고 지내는 사이다. 우리가 다리를 다 놔줄 테니 어른들의 도움만 받으면 너는 지금까지와는 스케일이 다른 큰 사업가가 될 거야."

아무리 그래도 학원 강사가 성인도 안 된 고등학교 1학년 제자에게 할 말은 아니죠. 그런데 하필 부모님과 알력이 있던 저는 그 말에 넘어가 자퇴하고 사업 통장에서 3천만 원을 챙겨 무작정 가출해버렸습니다. 두 강사는 자신들이 파주에서 학원을 하고 있으니 파주 근처에 사무실을 구해 회사를 설립하자고 했어요. 여기서 정말 용의주도했던 점은 제 가출이 남들이 시켜 한 게 아니라 저 자신의 의사로 했다는 알리바이를 만들기 위해 저를 청소년보호센터에 보냈다는 겁니다. 가출한 청소년들을 보호해줘 가출 쉼터라고도 부르는데요. 제가 가출 쉼터를 방문하자 담당 선생님이 맞아주셨어요.

쉼터 시설은 생각보다 쾌적했습니다. 방도 넓었고 난방도 따뜻했고 TV도 있었어요. 선생님이 저를 앉혀놓고 "몇 살이니? 이름은

뭐니? 어쩌다 가출했니?" 물으며 정황을 조사했습니다. 부모님과 싸워 갈 곳이 없어 왔다고 하자 여기서 하루 이틀 지내라고 하셨어요. 지급받은 핑크색 파자마로 갈아입었고 구석에는 식사용 오뚜기 컵밥이 쌓여 있었습니다. 따뜻한 방에서 TV를 보며 미역국밥을 먹으니 가출 쉼터가 아니라 산후조리원 느낌마저 들었습니다. 그런데 '산후조리원이 아니라 가출 쉼터가 맞긴 맞구나!' 실감이 확 드는 사건이 일어났어요.

한 여자아이가 짐을 싸 들고 왔습니다. 머리는 노랗게 염색했고 옷차림은 날라리 일진들이 입을 만한 패션이었습니다. 비행 청소년이라는 단어를 그대로 표현한 것 같은 소녀였는데 쉼터에 짐을 풀자마자 밖으로 나가 담배를 피우는 것이었습니다. 흡연을 마치고 제게 말을 걸길래 저도 어색하게 인사를 했어요. "너 몇 살이니?" "나 올해 18살이야." "나도 18살인데." "너는 뭐하다 여기 왔니?" "나 엄마랑 싸워서 왔어." "정말? 나도 그런데." 이런저런 이야기를 나눠보니 이 여자아이는 저와 달리 문제가 심각했습니다. 자기 엄마와 나눈 카카오톡을 보여줬는데 엄마가 쌍욕을 수십 개나 보냈더라고요. 도저히 집에 있을 수 없어 가출했고 내일은 남자친구네 집에 갈 거랍니다. 현재 메이크업을 배우고 있고 메이크업 아티스트가 되어 돈을 벌면 집에서 벗어나 자립할 계획이라는 거에요. 염색에 담배까지 피워 첫인상은 별로였는데 대화를 나눠보니 그렇게 나쁜 아이 같진 않았습니다. 그래서 나는 사업하고 싶어 가출했다고 말했어요. 그렇게 서로의 꿈을 응원하며 훈훈하게 끝나는 것으로 생각했는데 반전이 있었습니다.

다음 날 눈을 뜨자 그 친구는 먼저 떠나고 없었습니다. 제 지갑에 정확히 7만 원이 있었는데 만 원짜리 지폐 일곱 장이 사라지고 7천 원이 꽂혀 있었어요. 제가 자는 동안 누군가 제 지갑을 털어간 겁니다. 물증은 없지만 그 여자아이가 학원에서 도벽으로 소문이 자자하다는 말을 나중에 다른 친구에게서 들었습니다. 돈이 필요해 제 지갑에서 7만 원을 집어가고 차비로 쓰라고 자신이 가지고 있던 7천 원을 넣어준 것 같아요.

쉼터에서 나온 저는 두 강사를 따라 파주로 올라갔습니다. 당장 잘 곳이 없어 고시원에 들어갔는데요. 방에 따라 요금이 모두 달랐어요. 저는 안에 화장실이 있고 창문이 달린 가장 좋은 방으로 빌렸습니다. 그런데 역시 고시원답게 비좁은 두 평 방에 침대 하나, 책상 하나가 전부였어요. 책상 위에는 뒤통수가 불룩한 옛날식 TV가 있었고요. 말 그대로 잠만 딱 잘 수 있는 넓이였는데 비좁고 천장이 낮은 방에서 오래 누워있으니 가슴이 답답해 숨이 턱턱 막혔습니다. 가장 심각한 건 냄새였어요. 고시원의 모든 화장실이 천장 환풍기로 연결되어 옆 화장실 냄새가 환풍구를 타고 제 방 화장실까지 흘러들어왔습니다. 방에 냄새가 너무 난다고 프런트 데스크에 항의하자 방을 두 번 바꿔줬지만 그 방도 마찬가지였죠. 전반적으로 시설과 비품이 너무 낡아 자기 전에 TV를 끄려는데 리모콘 작동이 안 되어 TV도 안 꺼졌고 방음이 안 되니 옆방에서 사람이 흐느끼는 소리도 가끔 들렸는데 새벽에 그런 소리가 들려오면 공포영화가 따로 없었습니다.

두 명의 강사는 사무실과 집을 알아볼 테니 2주 정도만 기다려달라고 했지만 오래 있을 곳이 아니라는 생각에 제가 직접 집을 구했어요. 파주의 57평 아파트에 들어갔는데요. 두 평짜리 고시원과 달리 집이 지나치게 넓었습니다. 화장실은 거실에 하나, 안방에 하나 있었어요. 안방 화장실은 이사 온 첫날 한 번 열어보고 두 번 다시 열어볼 일이 없었습니다. 가구도 안 들이고 57평짜리 아파트에 혼자 덩그러니 있으려니 외로워 애완동물로 족제비 두 마리를 들였습니다. 고시원이 작아서 무서웠다면 아파트는 넓어서 무서웠어요.

하루는 가출 쉼터에서 만난 절도녀가 시치미 떼고 제게 연락해 집에 놀러 왔습니다. 자신이 힘들었던 이야기를 막 하더니 돈을 빌려달라기에 당장 줄 돈이 없다고 하자 얌전히 돌아갔습니다. 집을 보니 웬 족제비 두 마리가 57평 운동장을 뛰어다니고 훔칠 만한 물건도 없어 그냥 돌아간 것 같아요. 당시는 정신적으로 괴로운 일이 정말 많았습니다. 고시원에서 지낼 때는 방에 갇혀 누워

만 있자니 정신병에 걸릴 것 같아 사람을 만나려고 DSLR 동호회 활동을 했는데 그 모임에서 몇 명이 작당하고 저에 대한 나쁜 소문을 퍼뜨려 경찰서를 찾아가 명예훼손죄로 신고하기도 했어요.

어느 날 족제비에게 밥을 주기 위해 고기를 손질하는데 두 마리 중 한 마리가 보이지 않길래 이름을 부르며 넓은 집을 구석구석 뒤져도 보이지 않았어요. 베란다에 가보니 방충망에 큰 구멍이 뚫려있었어요. '설마?' 불안감에 1층으로 내려가 보니 땅바닥에 족제비가 피를 흘리며 죽어있었어요. 어쩌다 그랬는지 날카로운 손톱으로 방충망을 뚫고 실수로 추락한 거였어요. 망연자실한 저는 족제비 시체 앞에 털썩 주저앉아 오열했습니다. 비 오는 날 새벽, 웬 여자아이가 서럽게 오열하고 있으니 누군가 신고한 모양입니다. 경찰 아저씨가 오더니 왜 울고 있냐고 물었어요. 저는 죽은 족제비를 가리키며 키우던 족제비가 17층에서 떨어져 죽었다며 흑흑거리며 힘겹게 말했어요. 경찰 아저씨는 저를 위로하며 죽은 족제비를 함께 묻어주고 집으로 돌려보냈습니다.

저는 가족과 떨어져 정신적으로 불안했고 힘겨운 파주 생활에서 애완용 족제비는 저와 대화하며 상호작용하는 소중한 존재였습니다. 그런데 그 중 한 마리를 잃자 상실감에 일도 제대로 손에 잡히지 않았습니다. 그렇게 괴로운 일이 있었으니 일이라도 잘되면 다행인데 일마저 제대로 풀리지 않았어요. 제가 아파트에 들어와 살자 두 명의 강사가 사무실을 구했습니다. 오전에는 내가 여기서 일하고 오후에는 자신들이 수업실로 쓰겠다는 거였어요. 그래서 인테리어도 회사 사무실이 아닌 동네 학원처럼 되었고요. 사무실도 생겼으니 이제 사업을 해야 하는데 맨 처음 저를 파주로 데려올 때는 법인 설립도 도와주고 아는 회장님도 소개해줘 아이템도 유통하고 '스타일난다' 뺨치는 쇼핑몰을 세울 원대한 계획이라도 있는 것처럼 말하더니 정작 사무실에 출근하자 이행되는 약속이 하나도 없었습니다. 소개해주는 사람도 없이 이 강사 두 명 외에는 만나는 사람도 없었죠.

당시 제 일과는 오전 10시에 사무실이라고 부르는 학원에 출근하면 컴퓨터가 없어 핸드폰으로 일하는 것이었습니다. 아무것도 없는 환경에서 제가 알아서 쇼핑몰을 만들어 돈을 벌어오라는 식이었는데 중학생 시절과 달리 안정된 가정도 없고 여러 가지 안 좋은 일을 겪은 탓에 우울증까지 생겨 아이디어가 하나도 떠오르지 않았습니다. 오후 2시가 되면 두 강사가 출근했는데 심지어 저와는 사업 이야기조차 나누지 않았습니다. 방에 들어가 아이들을 가르치는데 법인 설립도 안 하고 회장이라는 사람을 소개도 못 받는데 '이럴 거면 여기서 내가 왜 사업을 하나?'라는 생각이 들었어요. 심지어 적반하장으로 자신들이 저보다 더 힘든 상황이니 열심히 돈을 벌어오라고 다그치지를 않나, 제가 제 돈으로 점심에 시래기 국밥을 사 먹자 자기네들은 편의점 삼각김밥으로 때우는데 좋은 것 먹는다고 비꼬지 않나, 그제야 그들에게 아무 계획도 없다는 걸 뒤늦게 알아차렸습니다.

사실 처음에는 파주에 계속 있으려고 했어요. 부모님과 대판 싸우고 내가 크게 성공해 돌아오겠다고 큰소리 뻥뻥 치고 가출했기에 아무 성과도 없이 귀가하기가 부끄러웠습니다. 그런데 계속 있어봤자 더이상 될 일도 없을 것 같고 강사 두 명도 "너 이럴 거면 그냥 집으로 돌아가라. 부모님도 걱정하지 않겠냐?"라길래 귀가를 결심했습니다.

처음 집을 나올 때 3천만 원을 들고 나왔는데요. 아파트 보증금은 강사 두 명이 넣어줬고 법인을 설립하겠다며 제게서 2천만 원을 가져갔는데 그건 돌려받지 못했습니다. 이미 사업자금으로 다 써 없다고 했는데 법인을 설립하지도 않았을 거예요. 제게 정관조차 보여준 적이 없으니까요. 결국 3천만 원 중 2,600만 원을 날리고 400만 원만 들고 집으로 돌아왔습니다. 부모님은 제가 날려 먹은 돈에는 신경도 쓰지 않으셨습니다. 딸이 안 다치고 무사히 돌아온 것만으로도 안도하셨고 저를 꾸짖지도 않으셨습니다. 그저 가만히 저를 안아주셨습니다. 저는 사업하면서 생기는 모든 문제를 부모님의 도움을 못 받고 스스로 해결해와서인지 은연중 어른은 믿고 의지할 대상이 아니라는 생각을 가졌어요. 그런데 역설적으로 그동안 제가 공부와 사업에 전력투구할 수 있었던 건 모두 부모님의 보살핌과 가정이라는 울타리 덕분에 가능했다는 것을 깨달았습니다. 그 사실을 깨닫자 부모님에 대한 죄송함과 더불어 갑자기 저 자신이 정말 보잘것없고 초라하게 느껴져 부모님 품에 안겨 한참 동안 눈물을 흘렸습니다.

07

고등학생 사장, 온라인 광고에 눈뜨다

가출 사건으로 배신의 상처를 입은 저는 2주가량 집밥을 먹으며 푹 쉬었습니다. 하지만 쉬기만 할 수도 없는 노릇. 현실에 직면해야만 했죠. 학교를 그만두고 가출하는 바람에 졸지에 팔자에도 없는 중졸이 되었고 부모님은 다시 학교를 다니거나 검정고시를 치는 게 어떻겠냐고 권유하셨습니다. 그만둔 고등학교를 다시 다닌다면 1년을 꿇어야 하고 검정고시를 쳐도 대학 진학 자체는 가능한데 제가 가고 싶은 명문대 진학은 힘들었습니다. 학교에 들어가 정시 수능을 준비할 수도 있지만 학업보다 사업에 더 마음이 갔습니다. 제 선택은 검정고시를 쳐 고등학교 졸업 자격을 따되 대학에는 진학하지 않는 거였어요. 이 책을 쓰는 현재도 제 최종 학력은 고졸입니다.

자, 그럼 이제 다시 사업 구상에 들어가야죠. 당시 문구, 액세서리 쇼핑몰 채널은 접었고 가족에게 인계한 비누샵은 계속 운영 중이었습니다. 물론 판매량이 예전만은 못했지만요. 그 시점에서 비누 사업을 다시 재개할 수도 있었는데요. 부모님이 잘 운영 중이셨고 저도 새 출발을 기념해 새로운 사업을 시작하고 싶은 마음이었습니다. '그러고 보니 전에 문구도 팔았지. 액세서리 쪽이 더 잘 나가 결국 액세서리를 메인으로 밀었지만 이번에는 문구를 주인공으로 사업해볼까?' 문구는 예전부터 제가 좋아했던 아이템이고 전에 팔아본 경험도 있어 상품 소싱도 자신 있었습니다. 스마트스토어를 개설한 후 제가 키우던 족제비 이름을 따 '덕배문구마켓'이라고 이름지었어요. 그때가 2019년이었으니 스마트 스토어의 완전 초창기는 아니었습니다. 스마트 스토어는 2012년 샵N으로 시작해 2014년 네이버 스토어팜으로 바뀌었고 2018년 스마트 스토어로 바뀌었으니까요.

당시 했던 것은 비누샵과 같은 제조업이 아닌 유통업이었습니다. 여러 문구업체를 돌아다니며 예쁜 문구를 사입해 스마트 스토어에 올렸습니다. 당시는 온라인 마케팅을 아직 잘 모르던 시절이어서 상위노출 로직을 따로 알진 못했지만 알게 모르게 네이버에 노출되었는지 문구가 팔리기 시작했어요. 당시 매출을 견인한 효자 아이템은 랜덤 박스였습니다. 문구는 객단가가 높은 상품이 아니거든요. 스티커 하나를 팔아봤자 1~2천 원밖에 못 받으니까요. 그런데 저렴한 문구도 랜덤 박스를 통해 패키지 상품으로 만들면 가격을 49,000원까지 올릴 수 있었습니다. 이것저것 팔고 애매하게 남은 문구도 재고를 없앨 수 있었고요. 랜덤 박스는 주로 어머니들이 자녀의 생일 선물로 많이 사줬습니다. 마진도 90%나 나와 쏠쏠했고요. 카카오 스토리 하나에만 집중했던 과거와 달리 이런저런 온라인 마케팅을 시험했습니다. 업체로부터 샘플을 받아 네이버 밴드 사람들에게 상품을 협찬해줘 후기를 올려달라고 요청해 스마트 스토어로 유입시키거나 유튜브 광고도 했습니다.

비누샵과 액세서리를 팔면서 알게 된 노하우도 십분 활용했습니다. 신상의 중요성을 알고 있었기에 평범한 문구 유통을 넘어 아마추어 일러스트레이터와 협업해 그들의 일러스트가 들어간 문구를 만들기도 했고요. 방산시장에서 색다른 디자인의 포장지와 박스를 사 문구를 담자 아이들이 무척 좋아했습니다. 다른 가족이 비누샵을 하느라 바빠 문구는 저 혼자만 감당할 수 있는 업무량 선에서 1인 기업을 했어요. 가끔 택배가 많으면 어머니께서 포장을 도와주시는 정도였습니다. '스마트 스토어를 어떻게 더 알릴까?', '사람들이 어디에 모여있을까?' 찾다가 자연스럽게 블로그가 눈에 들어왔습니다.

사실 처음부터 이걸 마케팅 용도로 활용할 생각은 없었어요. 저는 옛날부터 책 읽고 글 쓰는 걸 좋아했는데 학교를 안 다니니 책 읽을 일도 없고 노트필기할 일도 사라졌습니다. 그래서 덕배문구마켓을 운영하고 남는 시간에 틈틈이 책 읽고 글 쓰는 연습을 위해 개인 블로그 운영을 시작했죠. 더도 말고 덜도 말고 하루에 글 세 개씩만 써보자는 목표를 세우고 꾸준히 블로그를 하니 지금은 블로그에 천 개가 넘는 포스팅이 쌓였습니다. 물론 당시는 시작한 지 얼마 안 되어 게시글이 많진 않았어요. 글은 제 개인적인 생각 정리와 더불어 제가 산 물건에 대한 리뷰 글을 꾸준히 올렸습니다. 그러자 방문객이 늘었고 하루는 쪽지로 협찬 제의를 받았습니다.

용인에 있는 짬뽕집에서 짬뽕을 무료 시식하는 대신 식당 후기 글을 블로그에 올려달라는 제안이었습니다. 블로그 체험단 제의를 받은 거죠. 당시 저는 서대문구에 살아 솔직히 용인은 너무 멀었습니다. 그래도 새로운 경험하는 셈 치고 용인까지 가 짬뽕을 먹고 사진을 찍어와 블로그 포스팅을 했어요. 먼 곳까지 지하철 타고 가느라 고생했지만 체험단은 정말 재미있었습니다. 학교를 안 다니니 사람들이 북적북적 몰리는 출·퇴근 시간대를 피해 어떤 가게든, 식당이든, 카페든, 공방이든 한가한 시간에 방문해 내가 몰랐던 다양한 서비스를 체험하는 것은 신나는 경험이었죠. 겸사겸사 원고료도 받을 수 있었고요. 체험단을 더 많이 하고 싶어 나중에는 체험단 사이트와 오픈 채팅방 가입까지 했습니다.

한편, 체험단 마케팅 담당자와 소통하며 이런 생각이 들었어요. '내가 블로그를 열심히 키우면 마케팅 대행사에서 체험단 업무 담당 직원이 내게 체험단을 해주면 제품을 협찬해주고 원고료로 만 원을 주겠다고 쪽지를 보낸단 말이지. 그가 내게 만 원을 준다는 건 마케팅 대행사에 체험단을 의뢰한 광고주가 대행사에 적어도 만 원보다 많은 광고비를 줬다는 말이 돼. 용인 짬뽕집 사장님이 체험단 다섯 명을 모집해달라고 마케팅 회사에 10만 원을 줬다면 마케팅 회사는 나와 같은 체험단 다섯 명을 모집하고 원고료 만 원을 줘 5만 원을 쓰고 나머지 5만 원을 가져가는 식일 거야. 그렇다면 나는 이 돈이 돌고 도는 피라미드 최하층에 속한다는 말인데 내가 마케팅 회사 자리에 간다면 더 많은 돈을 벌 수 있지 않을까? 지금은 예로 10만 원을 설정했지만 실제로는 광고주에게서 얼마를 받을까?' 그렇게 온라인 광고업계의 생태계에 관심이 생겨 관련 커뮤니티와 오픈 채팅방에 들어가 사람들이 어떤 주제로 무슨 이야기를 나누는지 유심히 관찰했습니다. 정말 신기하게도 온라인 광고는 체험단 외에도 종류가 매우 다양했어요.

한 가지 예로 대행사가 자신의 블로그에 올릴 원고를 대신 써주는 일거리가 있습니다. 대행사가 상품 관련 상세한 정보를 알려주면 1,000자, 2,000자, 3,000자로 원고를 작성해주면 되는데 글자당 얼마 식으로 정산해주는 방식이었어요. 블로그로 글 쓰는 연습을 계속하다 보니 타자 속도가 빨라져 나중에는 1,000자 글을 5분 만에 썼고 그걸로 하루에 10만 원을 벌어보기도 했습니다.

직장을 다니며 월 250만 원을 번다면 일당으로 7~8만 원을 받는 셈인데요. 글만 빠르게 잘 써도 하루에 10만 원을 벌 수 있으니 온라인 광고만 제대로 알아도 굶어 죽을 일은 없겠다고 생각했어요. 제 사업에도 큰 도움이 되고요. 더 많은 광고의 세계를 배우고 싶었던 저는 오픈 채팅방에서 마케팅 대행사 운영자에게 장문의 카카오톡을 보냈습니다. 마케팅 업계 종사자들이 모여 정보를 교환하는 오픈 채팅방이었는데 대행사도 각양각색이었습니다. 제가 카카오톡을 보낸 회사는 스마트 스토어 운영을 대신 해준다는 업체였습니다. 때마침 저도 덕배문구마켓을 운영 중이었으니 공통분모가 있을 것 같아 이 업체로 결정한 것이죠.

'나 혼자 스마트 스토어를 시작해 문구마켓을 빠르게 성장시켰다. 그 외에 블로그 체험단도 하고 과거 카카오 스토리에서 쇼핑몰도 운영해보는 등 나이는 어리지만 온라인 사업 경험이 풍부하다. 나는 온라인 광고를 제대로 배워보고 싶은데 당신 회사가 스마트 스토어를 운영한다면 내가 당신 일을 충분히 도울 수 있을 것 같다.'라는 내용으로 제 나름 혼신의 자기 PR을 폈습니다. 지금와 생각하면 세상 물정 모르는 18살 꼬마가 무작정 돌격하는 꼴이었는데요. 다행히 회사 사장님이 제 혼신의 자기 PR을 무시하지 않고 진지하게 읽어주셨습니다. 새벽에 전화가 와 이것저것 물어보길래 솔직히 답변해드리자 "너를 직접 만나보고 싶다. 내 회사가 부평에 있는데 올 수 있느냐?"라고 물었습니다.

그렇게 저는 용인에 이어 부평역까지 가게 되었어요. 당시 만난 대행사 대표님은 30대 후반이었고 푸드트럭을 비롯해 여러 사업을 거쳐 마케팅 대행사를 차린 분이었습니다. 직원도 10명 가까이 있었고요. 먼 길을 온 제게 소고기 16만 원어치를 사주셨는데 제 이야기를 쭉 듣더니 저를 직원으로 채용하고 싶은데 집과 회사 거리가 먼데 괜찮겠냐고 물으셨습니다. 제 생각에도 서대문에서 인천까지 매일 출·퇴근하는 건 아닌 것 같아 역제안을 드렸어요. "대표님, 그럼 제가 매일 출근하지 않는 대신 회사와 협업하는 프리랜서 비슷하게 고용하시는 건 어떠세요? 일반 직원처럼 월급을 받지 않고요. 제게 온라인 광고를 가르쳐주시면 제가 직접 영업을 뛰어 광고 대행을 해볼게요. 회사에서 맡은 광고주를 연결해주셔도 좋고요. 고정급이 없는 대신 제가 일한 것에서 발생한 수익을 회사 50%, 저 50%로 셰어하고요." 사장님은 아주 좋다며 동의하셨습니다. 대신 저도 광고 실무를 배워야 하고 회사 특성상 주기적으로 중요한 회의를 하니 일주일에 적어도 이틀은 회사에 출근하는 조건이었습니다.

사실 이 회사에 오래 다니진 못했습니다. 사장님이 불법 도박에 손댄 것이 적발되는 바람에 경찰 조사를 받게 되어 회사가 공중분해되었거든요. 법적 소송 때문에 자금 사정이 어려워지자 저와 계약한 50% 매출 정산도 잘 지켜지지 않아 뒤끝이 찝찝하게 회사를 나왔습니다. 결말은 안 좋게 끝났지만 제가 온라인 광고업계에 입문할 수 있었던 것은 이 대행사 사장님의 역할이 컸습니다. 온라인 광고상품의 종류, 이 광고를 온라인 마케팅과 조합하는 방법, 신규 광고주 만나는 방법, 계약서 작성법, 광고주 관리법 등을 회사에서 모두 배울 수 있었거든요. 지금도 감사한 마음이 있어요.

회사를 다니며 행복한 순간도 많았습니다. 제 친구들은 모두 고등학교를 다니는데 저 혼자 덕배문구마켓을 1인 기업으로 운영하니 외로움이 있었거든요. 소속 욕구가 강했던 시절이었습니다. 집에서 말없이 혼자 일하는 것보다 사무실에 나와 직원들과 친해

지고 함께 밥 먹고 커피도 마시는 게 즐겁고 심리적 안정감까지 줬어요. 드라마에 나오는 커리어 우먼이 된 느낌도 있었고요.

하루는 워크숍을 갔는데 지금까지 좋은 추억으로 기억이 생생합니다. 강화도 펜션을 예약해 다 함께 고기도 구워 먹고 수영도 하고 정말 즐거웠어요. 지금은 내가 회사 워크숍에 끼어 가지만 나중에 내 회사를 설립하면 직원을 뽑아 다 함께 워크숍을 가겠다고 마음속 버킷리스트에 적어놨습니다. 실제로 1년 후 저는 직원 다섯 명을 데리고 워크숍을 가게 되었는데요. 회사를 어떻게 창업했는지 바로 이어서 말씀드릴게요.

08
고등학생 사장, 대행사를 창업하다

제가 일했던 대행사는 다양한 온라인 광고를 취급했지만 주력 서비스는 스마트 스토어 운영 대행이었습니다. 그래서 온라인 제품 판매자들이 모인 커뮤니티나 오픈 채팅방에서 광고주를 모집했어요. 제가 직접 영업하기도 하고 회사에서 새 광고주가 들어오면 저를 담당자로 배정해 연결해주기도 했습니다. 당시는 현재보다 경기가 좋아서였는지 상담, 컨설팅 신청 DB가 많이 접수되었고 저는 그걸 엑셀 파일로 관리하며 전화상담을 했는데요. 한 번 상담하면 대행을 맡기기까지 1시간도 걸리지 않았습니다.

신입 사원이 입사하면 많은 대행사가 상담 DB와 세일즈 스크립트를 주면서 화술 교육을 시키는데요. 저는 특정 매뉴얼 없이 제 생각대로 상담했는데도 영업이 잘 풀렸습니다. 왜 그런가 생각해봤는데 저는 광고주를 꼬셔 결제를 시키겠다는 생각을 한 적이 없습니다. 먼저 그분이 어떤 제품을 파는지, 스마트 스토어를 하면서 어떤 점이 어려웠는지 들었고요. 그분이 지금보다 더 잘 되려면 무엇이 필요할까? 어떻게 해야 할까? 제가 아는 선에서 도움을 주려고 노력했던 것이 영업 비결이라면 비결인 것 같습니다. 상품이 아무리 좋아도 광고만 하면 100% 매출이 오른다는 보장이 없거든요. 예상치 못한 변수 때문에 성과가 안 나오는 경우도 꽤 있었습니다. 그래서 우리에게 대행만 맡겨주면 무조건 돈 번다는 식의 감언이설을 피했고요. 광고주에게 허황된 기대감을 심어주지 않으면서 내가 대표님이라면 이 제품은 이런 식으로 팔아볼 것 같다고 최대한 진정성 있게 말했습니다.

이처럼 제가 아는 한도 안에서 컨설팅해드리자 광고주들이 대놓고 영업을 안 한다며 오히려 좋아했습니다. 저와 왜 계약하셨냐고 나중에 여쭤보니 제가 제시하는 방향대로 가면 일확천금을 벌진 못해도 현재보다는 상황이 나아지겠다는 진심을 느꼈다고 하셨어요. 당시 광고주로 만난 분 중에 지금까지 인연을 이어가는 사장님도 계시고요. 그럼 월 관리비가 입금되고 그걸 회사와 5:5로 나눠 갖는 구조였습니다. 금액은 월 단위로 정산되어 제 통장에 입금되었는데 제가 맡을 수 있는 한계가 있다 보니 월 250만 원 정도를 받았어요. 광고주는 제품을 갖고 있어 그걸 온라인에서 팔고 싶은데 어디서부터 무엇을 어떻게 해야 할지 모르는 분이 많았습니다. 그래서 운영 대행도 해드리지만 제가 광고주를 직접 만나 스마트 스토어의 인터페이스부터 상품등록, 주문이 들어오면 어떻게 하면 되는지 전반적인 스토어 운영법을 가르쳐드리기도 했습니다.

스마트 스토어 운영법 교육

그때가 제 인생 처음으로 마케팅 강의, 마케팅 교육을 했던 때인데요. 매일 가르친 건 아니지만 하루에 1~2명, 4~5명 가르치는 날도 있었으니 1년에 최소 100명 이상은 가르쳤던 것 같습니다. 그게 훗날 제 대행사를 운영하면서 강의와 컨설팅할 때 어떤 상품을 가져와도 방법을 제시하는 밑거름이 된 것 같아요. 앞에서도 말했듯이 정산이 제대로 안 이루어져 퇴사한 저는 여전히 덕배문구마켓을 운영하며 스마트 스토어 운영 대행 및 교육 컨설팅도 병행하고 있었습니다.

몇 달 후 회사가 폐업했다는 소식이 들렸어요. 그 과정에서 이전 직원이나 협력업체 분들과 소식을 주고받는데 프로그램을 개발해주시던 협력업체 팀장님과 연락이 닿았습니다. 근황을 여쭤보니 부산의 한 회사의 투자를 받아 여의도로 이사할 예정이라는 거였어요. 사무실을 새로 구한다면 제게도 방을 하나 줄 수 있는지 여쭤봤어요. 팀장님은 OK했고 저는 여의도에 입성하게 되었습니다. 당시 건물 이름은 중앙빌딩이었는데요. 이름을 왜 중앙빌딩으로 지었는지 궁금했는데 나중에 지도로 검색해보니 사무실이 말 그대로 여의도 중앙에 있었거든요.

팀장님은 프로그램 개발자여서 업무적 접점은 없었고 같은 사무실에서 각자 자기 일을 했습니다. 굳이 여의도까지 안 가고 집에서 덕배문구마켓과 마케팅 대행사를 계속 운영해도 문제는 없었지만 역시 저는 사무실이 있고 사람들과 밥도 먹고 소통하며 일하는 게 체질이더라고요. 사무실 창문에서 국민은행 본점이 보였는데 노을빛으로 반사되는 KB 로고 마크를 바라보며 앞으로 더 멋진 미래가 기다릴 것 같다는 희망으로 열심히 일했습니다.

열심히 일하다 보니 클라이언트가 너무 많아져 대행사 일만 해도 하루 30만 원의 고정 매출이 생겼어요. 스마트 스토어 운영 대행·관리는 그대로 하고 있었고 당시는 코로나19 전이어서 온라인 광고 대행은 오프라인 맛집과 가게가 많았습니다. 그만큼 일이 너무 바빠 1인 기업으로는 감당이 안 되는 한계에 부딪혔습니다. 중학생 시절과 달리 가족도 각자 일이 있어 제 사업을 도와주기는 힘들었고 직원을 채용할 때가 온 겁니다. 그렇게 저는 19살에 처음으로 가족이나 친구가 아닌 이력서를 보고 면접을 통해 직원을 채용하기로 결심했습니다.

예나 지금이나 인재 채용은 정말 어려운 일입니다. 처음에는 저만큼 마케팅을 잘 알고 광고주를 관리할 수 있는 유능한 마케터를 뽑으려고 했는데요. 역시 그 정도 역량이 있는 마케터는 막 시작한 1인 기업에는 오려고 하지 않더군요. 경력을 요구하는 순간 지원자 수가 확 떨어져 할 수 없이 차선책으로 사무보조 아르바이트를 뽑았어요. 제 업무를 잘게 쪼갠 후 마케팅·광고를 전혀 모르는 초보자도 할 수 있는 작업만 아르바이트 직원에게 위임했습니다. 그만큼 마케팅·광고 전문지식이 필요하고 저만 할 수 있는 일에 시간을 더 투자할 수 있었죠. 이 전략은 꽤 효과적이어서 남는 시간에 저는 더 영업해 클라이언트를 늘릴 수 있었습니다. 그렇게 저는 여의도 사무실에서 직원 수를 다섯 명까지 늘려 성공적으로 대행사를 운영할 수 있었습니다. 하지만 그때까지 가족이나 친구들과 함께 일하다가 아무 연고도 없는 직원들과 일하기 시작하자

제 미숙함이 발목을 잡는 경우도 많았어요. 경험상 직원이 약 열 명일 때까지는 주먹구구식으로 해도 회사가 돌아가긴 하는데요. 작은 소상공인이 아닌 '기업'을 만들기 위해서는 시스템과 매뉴얼이 필요하다는 것을 절감했습니다.

사장인 제 나이가 어려서 일어나는 문제도 있었습니다. 장유유서(長幼有序)의 나라 대한민국이잖아요? 직원들은 최소 26세 이상이 들어오는데 사장인 저는 19살. 물론 제 직급이 높다고 대놓고 막 대하는 직원은 없었지만 업무를 하다 보면 직원이 지시를 어기거나 사고를 쳐 저도 목소리가 커지는 순간이 생길 수밖에 없었어요. 아무 근거도 없이 화를 내는 건 아니니 직원들도 그 자리에서는 받아들이는 것 같아도 나이 어린 사람에게서 싫은 소리 듣는 것을 좋아할 사람은 아무도 없더라고요. 그래서 저는 직원들이 제 나이를 물어봐도 가르쳐주지 않았는데요. 그래도 어린 티가 나니까 수습 기간만 일하고 퇴사하는 직원이 정말 많았습니다. 특히 직원 다섯 명이 모인 후로는 직원들끼리만 친해져 저는 끼지 못하는 분위기가 조성되어 소외감도 느꼈어요. 직원들도 제 언행에서 상처를 받았겠지만 저도 직원 문제로 스트레스가 컸습니다. 제 뜻대로 따라주지 않는 직원이 야속해 집에 돌아와 혼자 운 적도 많았습니다. 인생을 살아가면서 가장 힘든 문제는 돈이 아닌 인간관계라고 하죠. 그때까지 그 말뜻을 몰랐는데 처음으로 그 뜻을 절감했습니다.

  이처럼 사람에 대한 실망도 느꼈고 직원 탓도 했지만 몇 년 후 당시 일을 회상하니 저도 그들에게 확신을 주지 못했다는 생각도 들었어요. 저는 대부분의 시간을 사장으로 살아왔지만 만약 직원을 한다면 저라도 연봉과 복지가 좋은 대기업에 가고 싶습니다. 중소기업에 취업한다면 대기업에는 없는 메리트를 제시해야만 직원들도 믿고 따를 텐데 당시 저는 그저 일손을 덜어줄 인력이 필요했을 뿐이었죠. "김사원 씨, 입사했는데 사장이 나이가 어려 사업은 제대로 해나갈 수 있을지 걱정되시죠? 제가 이래 봬도 사업 7년 차입니다. 중학생 때부터 쇼핑몰을 차려 돈도 잘 벌어봤어요. 김사원 씨 월급 정도는 충분히 챙겨줄 수완은 되니 걱정마세요. 우리 회사는 온라인 광고 대행과 이커머스가 주력이고요. 최근 스타트업 벤처기업 인증을 받았답니다. 향후 강남권 병원 대상으로 대행사 규모를 키우고 마케팅 교육 컨설팅 사업을 런칭하고 이커머스 규모를 키워 법인을 코넥스 상장할 비전도 갖고 있어요. 우리 회사에 꾸준히 다니시면 매년 연봉도 5%씩 올려주고 상장까지 가면 스톡옵션도 드릴 예정이에요. 팀장님이 계시고 매뉴얼도 다 있고 전문지식이 없어도 할 수 있는 일부터 차차 배정해드리니까 잘 적응할지 걱정하지 않으셔도 됩니다. 돈을 떠나 1년만 일하셔도 온라인 마케팅에 대해 정말 많이 배워갈 수 있어요. 이건 다른 회사를 가도, 하다못해 나중에 가게를 하나 차리셔도 써먹을 수 있으니 함께 한 번 일해봐요!"이런 식으로 막연하지 않고 구체적인 이익을 제시할 수 있어야 했는데 당시 저는 직원을 처음 채용해봐 미흡한 점이 많았습니다. 이탈률이 높을 수밖에 없었죠. 다행히 저를 믿고 따라주는 직원도 있어 5인 체제로 대행사를 운영하고 이 다섯 명과 호텔 스위트룸을 빌려 워크숍도 다녀왔습니다.

그러던 중 변화의 바람이 불었는데요. 개발팀장님이 자신이 투자받은 부산의 투자업체에 저를 소개해준 겁니다. 나이도 어린 친구가 마케팅을 정말 잘한다고 말이죠. 저는 가벼운 마음으로 미팅했는데 담당자분이 제 이야기를 듣더니 "네게도 투자하고 싶다.

사무실 모습

지금 우리가 부산에 광고 대행사 본사가 있는데 서울 센터를 만들 예정이다. 강남에 사무실을 크게 만들어주는 대신 서울 센터장이 되어줄 수 없느냐?"라고 제안하셨어요. 딱히 손해를 보거나 거절할 이유도 없어 저와 개발팀장님은 보증금 1억 원에 월세 700만 원의 역삼동 70평 사무실로 이사했습니다. 회사를 옮기는 과정에서 기존 직원 다섯 명은 출·퇴근 문제 때문에 해산했고요. 다시 사무보조 아르바이트를 뽑았는데 역시 이번에도 이탈률이 높았습니다. 몇 번의 시행착오를 거쳐 두 명이 정착했는데요. 이대로 쭉 잘 나갔다면 얼마나 좋았을까요? 고등학생 가출 사건처럼 제 인생에 또 한 번 큰 풍파가 닥쳤습니다.

09
내 인생 최대의 시련

흔히 인생 최대 시련이라면 사업이나 투자 실패로 큰 빚이 생기거나 질병으로 건강을 잃는 것을 연상할 겁니다. 그런데 저는 재산을 사기당한 것보다 주변 지인의 죽음이 가장 힘들었어요. 제게는 예솔이라는 가장 친한 친구가 있었어요. 중학교 때부터 베스트 오브 베스트 프렌드였어요. 저는 같은 학급 친구에게 사업한다는 이야기를 안 하는데 이 친구에게는 털어놓았고 함께 콘서트장에서 굿즈도 팔고 시내에서 쿨팩도 팔면서 항상 함께 지냈습니다. 고등학생이 되어 학교가 갈라졌을 때도, 가출하고 돌아와 사업에 전념했을 때도 거의 매일 카카오톡을 주고받을 정도로 제 삶에서 큰 비중을 차지한 친구였어요. 가족을 제외하고 유일하게 제 모든 비밀을 공유하는 사이였습니다.

제가 21살 때의 일인데요. 저는 강남에서 대행사를 하고 있었고 그 친구는 대학을 다니고 있었습니다. 제가 목요일에 카카오톡을 보냈는데 금요일까지도 답장이 없었어요. '바쁜 일이 있구나.' 생각하고 넘겼는데 다음 주가 되어도 답장이 없고 전화도 안 받았어요. '혹시 나한테 삐쳤나?'라는 생각에 예솔이 친언니에게도 연락해보고 SNS 팔로워 목록에도 들어가 모르는 사람에게도 연락이 되는지 물어보니 모두 연락이 안 된다는 거예요. 그때부터 불길한 예감이 들기 시작했습니다. 아니나 다를까? 다른 친구에게서 전화가 왔는데 예솔이가 죽었다는 소식을 예솔이네 가족에게서 들었다는 겁니다. 설마하던 불길한 예감이 현실이 되자 저는 그 자리에서 호흡곤란이 올 정도로 오열했습니다. 혼자서는 거동도 하기 힘들어 부모님께 전화드려 자취방에서 집으로 데려올 정도였어요. 거의 사흘 동안 가슴이 너무 아프고 잠도 안 오고 깨있는 시간에는 계속 눈물이 나 일도 손에 잡히지 않았습니다.

얼마 지나지 않아 장례식이 열렸습니다. 화창한 봄날에 밖에는 벚꽃도 피어있었어요. 지난주에도 멀쩡하게 연락했던 친구가 21살 나이에 자살로 생을 마감했다는 사실이 믿기지 않았습니다. 차라리 영화 〈트루먼 쇼〉처럼 모든 것이 몰래카메라이기를 바랐죠. 장례식장에 가니 익숙한 얼굴들이 검은 옷차림에 모두 고개를 숙이고 울고 있었습니다. 친구의 영정 사진과 관까지 있었고요. 더 이상 현실 부정이 안 되자 저도 유가족과 함께 눈물을 터뜨렸습니다. 시간이 되자 친구가 잠든 관은 리무진 버스 짐칸에 실려 화장터로 운구되었습니다. 저도 버스에 탑승해 화장터까지 따라갔는데요. 문득 중학교 수련회 갈 때 친구와 옆자리에서 떠들며 간식을 먹던 추억이 떠올랐습니다.

평일 오전인데도 화장터에는 사람이 많았어요. 사람은 죽어서도 줄을 서야 한다는 것을 처음 알았습니다. 유가족이 몇 분 안 계셔서 저도 함께 관을 들었는데 이 차가운 관 속에 친구가 있다고 생각하니 눈물이 멈추지 않았습니다. 관이 불속에 들어가 활활 타오를 때는 머리가 어질어질하고 미칠 것만 같았어요.

화장이 끝나자 친구는 재가 되어 유골함에 담겨 백골당으로 옮겨졌습니다. 보관되기 전, 마지막으로 유골을 만져볼 시간이 주어졌는데요. 유골함에 손을 올리고 친구가 천국으로 가기를 기도했어요. 그런데 그 유골함이 너무 따뜻해 제 손에 온기가 퍼지는 거였어요. 그렇습니다. 제 친구는 살아생전에도 마음이 정말 따뜻한 사람이었습니다.

저는 학창시절부터 성격이 드세어 아무에게도 굽히는 법이 없었어요. 그로 인해 학급 친구들과 마찰도 빚었지만 예솔이는 이런 제 성격도 다 받아주고 공감해주고 내 편을 들어주고 항상 위안을 줬습니다. 사회생활을 시작하고서도 종종 카카오톡이나 전화로 사업하며 힘든 점, 직원 때문에 힘든 점을 터놓곤 했습니다. 그

때도 제 친구는 묵묵히 제 말을 들어주며 자기 일에 대해서는 힘든 티를 전혀 내지 않았습니다. 사람이 착해도 너무 착해 자신이 힘든 걸 말하면 제가 신경 쓸까 봐 혼자 속에 꾹꾹 눌러 담는 스타일이었어요. 돌이켜보면 이 친구의 따뜻한 마음에 저 혼자 일방적으로 기대고 어리광 피운 것 같아 나 자신이 너무 한심하고 미안했습니다. 저 혼자 친구에게 푸념할 것이 아니라 친구도 극단적인 선택을 생각할 정도로 궁지에 몰려 있었다는 걸 눈치챘다면 제가 뭐라도 도움을 줄 방법이 있었을 텐데. 목요일, 금요일 카카오톡 답장이 없었을 때 집에라도 찾아갔으면 미래가 바뀌었을지도 모르는데. 저는 그야말로 천하의 바보, 멍청이가 된 기분이었습니다.

'복무쌍지 화불단행(福無雙至 禍不單行)'이라는 옛말이 있죠. 행복은 쌍으로 오지 않고 재앙은 겹쳐 온다는 뜻입니다. 불행은 개인사뿐만 아니라 사업에도 찾아왔습니다. 직원 두 명과 함께 대행사 서울 센터장으로 일하며 8개월 동안 1억 5천만 원의 매출을 올리고 있던 어느 날 부산 본사에 문제가 터졌습니다. 당시는 한창 비트코인 광풍이 불었는데요. 부산 본사 대표가 비트코인으로 돈을 제법 벌었다는데 단순 투자를 넘어 유사 투자자문 사업에까지 손을 댔다네요. 때마침 부산 센터장이 거래처와 직원들을 모두 데리고 나가 독립했다는 겁니다. 내실이 무너지니 대표는 서울 센터를 신경 쓸 겨를이 없었고 이를 수습하기 위해 서울 센터를 접고 저를 부산으로 부서 이동을 시키려고 했습니다. 집이 서울에 있는데 갑자기 지방으로 내려오라니 저는 이 무리한 요구를 따를 수 없었고 결국 서울 센터는 폐업하고 자연스럽게 저도 퇴사했어요. 결국 저는 다시 집에서 혼자 1인 기업 프리랜서로 재출발할 수밖에 없었습니다.

10

슬픔을 딛고
애견용 수제 간식 사업으로 일어서다

　개인적으로, 사회적으로 악재가 겹친 저는 한동안 일상생활이 불가능했습니다. 대행사 서울 센터가 망한 것보다 친구의 죽음이 너무 큰 충격이어서 그 잔재가 몇 달 넘게 그림자처럼 저를 따라다녔어요. 친구에 대한 그리움, 마음 한구석에 큰 구멍이 뚫린 것 같은 허전함, 친구에게서 받기만 하고 베푼 게 없다는 죄책감, 일찍 친구 집을 찾아가보지 못한 나 자신에 대한 분노, 장례식에 추모하러 오지 않은 다른 친구들에 대한 실망 등 살면서 처음 느껴보는 감정들이 칵테일처럼 뒤섞여 저를 괴롭혔습니다. 정말 제정신이 아닌 때였죠.

　대행사 서울 센터를 그만뒀지만 기존에 하던 마케팅 대행을 아무 예고도 없이 중단할 수는 없어 적어도 계약 기간 종료 때까지는 집에서 혼자 마케팅 대행과 컨설팅을 해나갔는데요. 일하는 동안은 그나마 괜찮았는데 일과가 끝난 저녁에는 친구 생각이 자꾸 떠오르고 밤에 자다가도 친구가 죽는 꿈을 꾸고 식은땀을 흘리며 깨는 등 트라우마가 심했습니다. 그 상태로 반년이 지난 후 이런 생각이 들었습니다. '소중한 사람의 죽음이 이렇게도 힘들고 괴롭구나. 잘못하다간 나까지 정말 마음의 병으로 죽겠다. 나조차도 이렇게 슬픈데 내가 죽으면 부모님을 비롯한 내 주위 사람들이 얼마나 슬퍼할까? 그들도 분명히 나와 비슷한 고통을 느끼겠지. 정말 정신차리자. 산 사람은 살아야 한다.'

마음의 고통을 극복하기 위해 무엇을 해야 할지 고민이 많았는데요. 일에 몰입하는 동안은 아무것도 생각나지 않는다는 점에 착안해 노동으로 극복하기로 했어요. 그래서 시작한 일이 애견용 수제 간식 사업입니다. 비누와 비슷한 제조업이지만 몰드에 비누액을 붓고 굳히기만 하면 되는 비누와 달리 몸을 움직여 수제 간식을 만들어야 해 머리를 비우고 일하는 기계가 되는 데 딱 좋은 사업이었습니다.

실제로 한창 애견용 수제 간식 사업을 하면서 하루에 12시간 일했습니다. 이 극약처방은 당시 제게 정말 잘 먹혔습니다. 하루종일 몸을 움직이니 잡생각이 나지 않았고요. 12시간 동안 일하니 일이 끝나면 녹초가 되어 새벽에 깨지 않고 단잠을 잘 수 있었습니다. 비슷하게 노동강도가 제법 센 일은 그 외에도 있었지만 수많은 아이템 중 애견용 수제 간식을 선택한 이유가 있었어요.

덕배문구마켓을 운영하던 무렵부터 저는 저녁 시간과 주말에 이것저것 배우는 취미를 즐겼습니다. DSLR 카메라, 포토샵 등 제 사업에 도움이 될 만한 것이나 와인, 꽃, 그림 경매 등 순전히 제가 배우고 싶었던 것들이었죠. 그중 펫푸드 스타일리스트 민간 자격증을 취득했는데 중학생 때부터 거북이, 족제비 등 여러 애완동물을 길러봐 펫푸드 스타일리스트에도 관심이 있었습니다. 알고 보니 강아지용 수제 간식을 만드는 수업이었습니다. 수업이 정말 재미있었는데요. 자격증 과정이어서 실습도 실습이지만 개에 대한 이론도 공부했어요.

배우기 전까진 몰랐는데 개들은 인간과 달리 음식을 혀가 아닌 향으로 먹는다네요. 간식을 먹기 전 킁킁 냄새를 맡는 건 그 때문이라네요. 또한, 개들은 초콜릿을 먹으면 안 된다네요. 그런데 실습 과정 중에 초코칩 쿠키 만들기가 있었어요. 쌀가루 반죽 위에 검은색 소간을 넣어 구우면 정말 사람이 먹는 초코칩 쿠키 모양의 간식이 탄생합니다. 물론 맛은 실제 초코칩 쿠키와 전혀 다르지만요. 이렇게 만든 간식을 유기견 보호센터의 귀여운 강아지들에게 나눠주는 봉사활동을 나가기도 했어요. 귀여운 강아지들이 제가 고생해 만든 간식을 너무 맛있게 먹으며 꼬리를 흔드는 모습에 마음이 따뜻해져 이 일을 더 해보고 싶은 동기부여가 되었습니다.

비즈니스 마인드로 시장을 검토해도 애견용 수제 간식은 훌륭한 사업 아이템이었는데요. 요즘은 아이 대신 개를 자식처럼 기르는 가정도 많고 특히 '개통령' 강형욱이 뜬 후로 애완견의 지위가 반려견으로 점점 높아지는 추세였습니다. 그만큼 반려견에게 프리미엄 수제 간식을 먹이는 사람이 늘고 있었죠.

대행사 서울 센터장을 하던 무렵 애견용 펫 드라이기를 성공적으로 팔아본 경험도 있어 더더욱 애견 시장에 대한 확신이 컸습니다. 애견용 수제 간식은 비누샵과 비슷한 제조업이어서 과거의 노하우를 많이 참고할 수 있었어요. 신상을 계속 만들기 위해 노력했는데요. 처음에는 방산시장에서 몰드를 구입해 강아지 발바닥 모양의 간식을 만들다가 나중에는 아예 3D 프린터를 이용해 몰드를 직접 만들었습니다. 포메라니안 얼굴 모양의 몰드를 만들어 포메라니안 푸딩을 만들자 견주들의 반응이 뜨거웠죠.

본질은 비누샵을 할 때와 별로 다르지 않았어요. 채널만 달라졌습니다. 제가 중학생일 때는 많은 사람이 카카오 스토리를 이용했지만 21살이 되자 카카오 스토리는 아무도 사용하지 않았어요. 그래서 애견용 수제 간식을 스마트 스토어에 상품으로 올리고 사람들이 가장 많이 모이는 SNS인 인스타그램을 활용했습니다. 인스타그램 공식 계정을 만들어 애완견을 기르는 견주들을 팔로워로 모았고요. 꾸준히 콘텐츠를 만들어 올리고 프로모션 소식도 알렸어요. 여기서 애견용 수제 간식의 장점이 빛을 발했습니다. 바로 콘텐츠 고갈 걱정이 없고 프로모션 소재도 많다는 것이었죠. 앞에서 말했던 유기견 보호센터를 방문해 수제 간식을 나눠주는 모습도 사진으로 촬영해 피드로 올렸고요. 그때그때 유행하는 것에 강아지를 접목하면 모든 것이 콘텐츠가 되었습니다.

한때 견주들 사이에서 몸에 반려견 타투를 새기는 것이 유행이었습니다. 그 트렌드를 캐치하자마자 애견용 수제 간식을 일정 금액 이상 구입하면 사랑하는 반려견의 모습을 본뜬 타투 스티커를 주는 프로모션을 진행했어요. 문구마켓을 하면서 스티커를 팔아본 적이 있어 타투 스티커 판매업체도 알고 있었습니다. 바로 몸에 타투를 새기는 것은 리스크가 커 그 전에 타투 스티커를 먼저 해보라는 취지였는데요. 간식을 구매한 고객이 자신의 애완견의 얼굴 사진을 찍어 제게 보내면 그것을 도안으로 만든 후 스티커로 제작해 나눠드렸어요. 그러자 아이들이 띠부띠부씰을 갖고 싶어 포켓몬 빵을 사듯이 반려견 타투 스티커를 갖고 싶어 간식을 구매했습니다. 그밖에 과거 펫드라이기를 팔면서 잘 먹혔던 콘텐츠 포맷을 가져오고 프로모션 마케팅을 진행해 쏠쏠한 효과를 봤습니다.

말이 나온 김에 펫드라이기에 대해 말씀드릴게요. 제가 대행사 서울 센터장으로 일할 때였어요. 본사가 투자해줘 중국 공장으로부터 펫드라이기를 OEM 제조로 약 1억 원어치를 수입해 한국으로 가져왔습니다. 펫드라이기를 고른 이유는 여러 광고를 대행해보니 애견 시장 규모를 알게 되었고 펫드라이기가 정말 좋은 아이템이라는 확신이 섰기 때문입니다. 보통 강아지를 목욕시키면 사람이 사용하는 드라이기로 털을 말리는데요. 얌전한 강아지도 있지만 많은 강아지가 드라이기를 싫어합니다. 엔진이 커 너무 뜨겁고 바람도 세차고 소음도 심하기 때문입니다.

그 점에 착안해 더 작은 엔진을 사용하고 드라이기에 빗을 결합해 반려견의 털을 말리면서 빗겨 뽀송뽀송하게 털을 살려내는 제

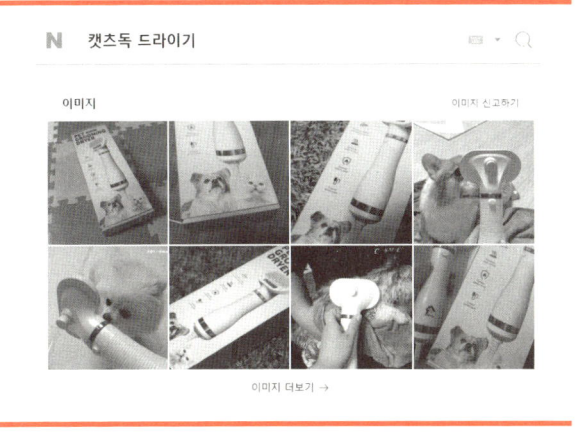

캣츠독 드라이기

품을 만든 겁니다. 재고를 다 판매한 후 추가 수입을 안해 더이상 팔진 않지만 네이버에 '캣츠독 펫드라이기'를 검색하면 지금도 실물 제품을 구경할 수 있습니다. 이 펫드라이기를 개당 만 원에 만 개를 수입해 개당 판매가를 4만 원으로 책정했습니다. 얼핏 네 배 마진으로 보이지만 중간중간 부대비용이 발생해 실제 순마진은 그보다 적었어요. 제품이 만 개나 되니 보관할 장소도 필요하겠죠? 3PL 물류창고에 박스를 적재시키는 데 매달 보관료가 나갔습니다.

유통업은 잘만 하면 큰돈을 벌지만 이처럼 고정지출이 발생해 온라인 사업 초보자에게 OEM 브랜드 상품 제조를 권하긴 어려워요. 재고가 확보되었으니 팔아야 할 차례죠. 펫드라이기를 스마트스토어에 등록하고 인스타그램 계정을 만들어 서포터즈 협찬과 프로모션 이벤트를 시작했습니다.

여기서 한 가지 재미있는 점이 있는데요. 애견 시장만의 독특한 문화가 있습니다. 강아지나 고양이를 기르는 주인이 자신이 마치 개나 고양이가 된 것처럼 강아지 계정, 고양이 계정을 만들어 "안녕, 나는 뽀삐다개!", "안녕, 나는 아롱이라고 한다옹." 펫을 연기하며 사진과 글을 올리는 문화입니다.

소위 '펫플루언서'라는 이 강아지 계정은 생각보다 팔로워가 많습니다. 그래서 이 펫플루언서에게 드라이기를 협찬해 영상 촬영을 진행했죠. 펫플루언서들이 제 드라이기를 칭찬하는 글을 피

유기견 게시물

드에 올리자 펫플루언서 계정을 구독하던 팔로워들이 캣츠독 펫 드라이기 오피셜 계정에도 들어와 팔로우해줬습니다. 이 방법으로 정말 짧은 시간에 3천 명의 팔로워를 달성할 수 있었어요. 그에 따라 드라이기도 빠르게 바이럴되어 나중에는 일일이 협찬을 안 해도 펫플루언서라면 꼭 써야 할 상품처럼 사용 후기와 인증샷이 올라왔습니다. 팔로워가 모였으니 저는 물 들어왔을 때 노를 젓고 싶어 드라이기를 유기견 보호센터에 기부하거나 유기견들을 목욕시켜 드라이기로 뽀송뽀송하게 말려주는 봉사활동을 하거나 캣츠

영상 촬영

독 매거진을 만들어 유기견의 주인을 찾아주는 콘텐츠를 만들어 피드에 올렸습니다. 단순히 드라이기를 홍보하는 콘텐츠만 올리는 것이 아니라 이처럼 자선활동까지 병행하자 팔로워들의 호응이 뜨거웠습니다. 이처럼 제게 우호적인 팔로워가 많이 확보되자 이후 마케팅은 물 흐르듯 쉬웠습니다.

24시간만 공개되는, 인스타그램 스토리라는 게시글이 있습니다. 피드에 올라가지 않고 하루면 사라져 부담 없이 사용할 수 있다는 장점이 있죠. 스토리에 이벤트 공지사항을 올리면 24시간 안에 천 명이 볼 정도로 확산 속도가 빨랐습니다. 카카오 스토리 때와 달리 플랫폼 자체의 유료 광고 기능도 사용했습니다. 인스타그램 스폰서 광고는 비용을 내면 직접 제작한 이미지와 동영상 소재를 인스타그램 유저에게 보여줄 수 있습니다. 피드를 넘기면 중간에 광고가 뜨고 사람들이 제 광고를 클릭할 때마다 광고비가 빠져나가죠. 저는 여러 개의 광고를 만든 후 클릭당 비용(CPC)이 180원보다 높게 나오는 광고는 전부 꺼버리고 무조건 1회 클릭 비용이 180원보다 낮은 광고만 계속 틀었습니다. 주로 동영상 광고가 비용이 저렴하면서 클릭도 많이 받았습니다. 클릭당 비용이 180원보다 적게 나오는 광고만 남기니 10회 클릭을 받아도 1,800원밖에 나가지 않았고 100회 클릭을 받으면 18,000원이었습니다. 펫드라이기 판매가가 4만 원이니 100명 중 2~3명만 구매해도 순이익이 쏠쏠했습니다.

이처럼 인스타그램 공식 계정을 이용한 이벤트 프로모션과 스폰서 광고의 힘을 빌려 1억 원어치 재고를 완판할 수 있었어요. 한때 강남 애견카페에 가 손님들에게 캣츠독을 아는지 물어보면 대부분 알 정도로 반려동물을 키우는 사람들 사이에서 인스타그램 대란템이 된 적이 있었습니다. 아쉬운 점은 캣츠독 브랜드를 꾸준히 성장시키지 못했다는 점인데요. 브랜드 메이커로 롱런하기 위해서는 히트 아이템을 만들어 번 돈을 연구·개발에 투자해 후속 제품을 꾸준히 만들어야 합니다. 제가 비누샵을 할 때 몰드에 투자해 계속 신상을 만든 것처럼 말이죠. 캣츠독은 제 돈이 아닌 회사 돈으로 진행한 프로젝트여서 모든 결정권은 회사에 있었습니다.

제 생각대로 브랜드를 만들지 못해 아쉽지만 캣츠독이 성공했기에 확신을 갖고 애견용 수제 간식 사업을 시작할 수 있었고 캣츠독으로 높은 매출을 올린 인스타그램 마케팅을 애견용 수제 간식 사업에도 그대로 적용할 수 있었습니다. 공식 계정을 만들어 콘텐츠를 발행하고 펫플루언서와 협찬하고 스토리로 이벤트 프로모션을 진행하고 효율 높은 광고 소재를 제작해 스폰서 광고를 활용해 잡생각도 안 들 정도로 바쁘게 일할 수 있었어요.

저는 거북이와 족제비를 기르지만 부모님은 강아지를 키우십니다. 가끔 포크로 딸기를 찍어 먹이는 등 딸인 저보다 강아지를 더 자식처럼 귀여워하시곤 하세요. 반려동물이 친자식처럼 점점 더 귀한 대접을 받는 문화가 확산되는 것 같습니다. 최근 들어 잘게 다진 고기와 야채를 데쳐 먹이는 애견 화식 시장도 크게 성장 중입니다. 사료 대신 화식을 먹이면 개가 건강하게 더 장수한다는 이유 때문인데요. 이처럼 반려견이 먹는 애견 식품산업은 미래 시장 전망도 밝은데 첫 단골을 만들면 100% 재구매가 일어나는 아이템이어서 구독 사업, 정기배송 사업으로 확장하면 큰 기회를 잡을 수 있는 매력적인 시장이라고 생각합니다.

그동안 여러 사업을 했지만 애견용 수제 간식 사업은 특히 제게 큰 의미가 있어요. 제가 살면서 겪은 가장 큰 고통은 두 강사에게 사기당했을 때와 예솔이가 하늘나라로 떠난 후 서울 센터장 자리를 내려놓았을 때였어요. 사기당한 직후에는 그 후유증으로 한 달 동안 방에서 넷플릭스만 볼 정도로 선뜻 밖으로 나갈 수 없었고 친구를 떠나보냈을 때는 가슴에 큰 구멍이 뚫린 것처럼 다시는 회복되지 않을 것 같은 슬픔이 밀려왔습니다. 그때마다 앞으로 내 삶이 여기서부터 더 나아지지 않을 것만 같은 불안감에 사로잡혔는데 끝이 안 보이는 터널과 같은 고통을 끝내준 것이 애견용 수제 간식 사업이었습니다. 먹고 자는 시간을 제외하면 모든 시간을 일하는 데 쏟으니 상실의 상처도 완전하진 않지만 점점 아물어가더군요.

이 책을 읽으시는 독자 여러분 중에도 과거 저와 비슷한 감정을 느꼈거나 지금 비슷한 아픔을 겪는 분이 계실지도 모르겠습니다. 저는 잠시 방안에서 나가지 않고 쉬는 것도 필요하다고 봅니다. 대신 그러면서 할 수 있는 일을 조금씩 실행했으면 좋겠어요. 돌이켜보면 저는 방에서 블로그 글을 쓰고 부엌에서 강아지 간식을 만들었던 행위가 밖으로 다시 걸어나갈 수 있는 일종의 재활치료 역할을 해준 것 같습니다. 쉬면서도 그 상황에서 할 수 있는 생산적인 일을 꾸준히 실행한다면 말이죠. 다소 진부한 표현일 수도 있지만 정말 시간이 약이더군요. 그 덕분에 저는 다시 새로운 프로젝트를 찾아 떠날 수 있었어요. 지금은 애견 관련 일을 안 하지만 가끔 이런 생각이 듭니다. 어느 날 제가 크나큰 실패를 겪어 전 재산을 잃는다면 애견 사업으로 다시 일어설 수 있겠다고 말이죠.

11

고등학생 사장, 핫딜을 판매하다

2019년 '신사임당'이라는 한 유튜버가 던진 돌이 대한민국에 큰 파문을 불러일으켰습니다. '단군 이래 가장 돈 벌기 쉬운 시대', '누구나 스마트 스토어로 월 천만 원을 벌 수 있다' 이 시기를 기점으로 온라인 유통, 온라인 쇼핑몰을 운영하는 회사가 아닌 일반인도 스마트 스토어를 개설해 위탁판매를 시작했죠.

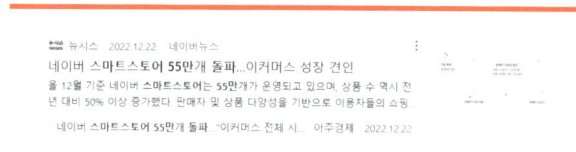

스마트 스토어 성장 기사

뉴스 기사를 보면 2022년 기준, 스마트 스토어 개수가 55만 개가 넘는다네요. 이제는 스마트 스토어가 유통사업자만 운영하는 오픈마켓을 넘어 대한민국 국민 부업, 무자본 창업 아이템으로 각광받고 있는데요. 저도 비슷한 시기에 위탁판매로 유통시장에 도전한 적이 있어요. 이 사업을 시작하게 된 계기는 유튜브를 보면서 자극받은 건 아니고요. 대행사에 다니며 온라인 광고세계에 눈뜨고 당시 배운 기술을 집에서 프리랜서 1인 기업으로 일할 무렵 제조업 외에 새로운 도전을 하고 싶었기 때문입니다.

덕배문구마켓을 운영할 때 문구를 만드는 타사 제품을 유통했듯이 이번에는 '이거 좀 팔리겠는데?'라고 생각되는 식품이나 생필품 회사에 전화를 걸어 내가 물건을 온라인으로 팔아볼 테니 주문 송장을 넣으면 배송만 해달라는 식으로 요청했습니다. 처음에는 이게 위탁판매인지도 모르고 하고 있었는데 나중에 위탁판매의 뜻을 알고 나서 제가 했던 게 위탁판매라는 것을 깨달았죠. 위탁판매와 같은 유통업은 비누샵, 애견용 수제 간식 사업과 같은 제조업과는 접근 방식이 달라야 했습니다. 제조업이 나만의 브랜드를 만들고 콘텐츠와 프로모션으로 팬을 모은 후 꾸준히 신상을 파는 방식이라면 유통업은 나 또는 다른 회사가 가진 제품을 즉시 팔아야 해요. 처음에는 익숙치 않아 자주 헤맸는데요. 몇 번 경험이 쌓이자 위탁판매에 적합한 상품이 무엇인지, 어떻게 팔아야 하는지 감이 잡혔습니다.

1. 누구나 필요로 하는 넓은 니즈 범위를 가진 아이템

2. 구구절절한 설명이 필요 없는 직관적인 상품

3. 지금 아니면 구하기 힘든 한정성까지 있으면 금상첨화

예를 들어, 제철 과일은 누구나 좋아하면서 설명도 필요 없고 지금이 아니면 철이 지나가죠? 꼭 시즌 상품이 아니더라도 생활용품에 할인 프로모션이 붙어도 1, 2, 3번의 조건을 모두 충족하기에 반응이 좋았습니다. 그런 상품을 구해 오픈마켓에 등록하는데요. 등록만 한다고 상품이 팔리진 않죠. 그래서 이걸 많은 사람에게 보여줬습니다. 사람들이 많이 모인 커뮤니티에 들어가 URL을 공유한 것이죠. 물론 아무 커뮤니티에나 들어간 건 아니었습니다.

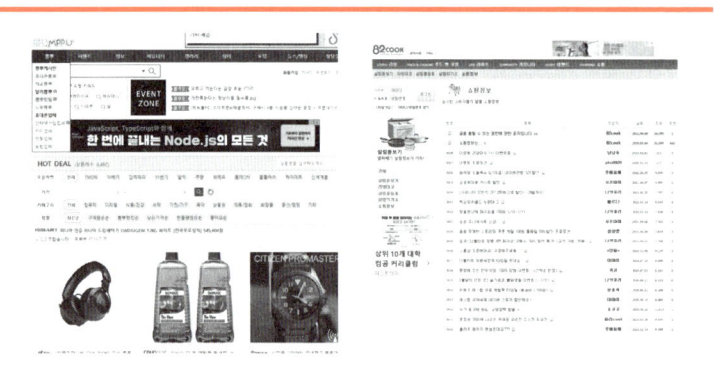

오픈마켓 커뮤니티

DC 인사이드, 네이트 판, 뽐뿌, 보배드림, 웃긴대학, 82COOK과 같은 커뮤니티 사이트를 한 번쯤 들어보셨죠? 회원으로 활동 중인 독자분도 계실 것 같아요. 커뮤니티 중에서 잘 보면 쇼핑 정보를 공유할 수 있는 커뮤니티가 있습니다. 뽐뿌의 뽐뿌핫딜이나 82COOK의 쇼핑 정보처럼 말이죠. 평소 이런 커뮤니티에 가입해 꾸준히 활동해 회원 등급을 높인 후 오픈마켓에 등록한 제품에 할인 프로모션을 걸고 핫딜 쇼핑 정보를 게시판에 공유하면 수많은 사람이 글을 보고 일부는 제품을 구매하더군요. 반대로 DC 인사이드나 웃긴대학과 같은 유머 커뮤니티에는 쇼핑 정보를 공유할 수 있는 게시판 자체가 없는데요. 이런 커뮤니티에 쇼핑 정보 글을 올리면 바로 삭제당하겠죠.

쇼핑 커뮤니티

또한, 중고나라, 레몬테라스, 맘스홀릭 베이비, 맘이베베와 같이 회원 수가 많은 대형 네이버 카페들도 들어보셨을 거예요. 게시판을 잘 보면 핫딜 쇼핑 정보를 올릴 수 있는 대형 카페가 있습니다. 사진을 보면 커뮤니티 사이트나 네이버 카페나 쇼핑 정보 게시글을 수천 명이 읽고 있는데요. 저는 이걸 보며 생각했습니다. '게시글 하나를 최소 2천 명이 보는데 그중 10%만 사줘도 200명이 제품을 사고 5%만 사줘도 100명이 사주네? 그렇다면 이런 쇼핑, 핫딜 정보를 올릴 수 있는 커뮤니티 사이트와 카페를 최대한 많이 가입해 글을 올리면 어떨까? 물론 내 시간과 손품이 들어가니까 전부 활동할 수는 없을 거야. 예를 들어, 열 곳을 정해 등급을 높인 후 글 하나를 올리면 최소 2만 명이 볼 거라고 기대할 수 있겠지. 2만 명 중 5%만 구매해도 천 명이 상품을 산다는 말이 돼. 3만 원에 제품을 팔면 바로 3천만 원 매출이 나잖아? 순마진을 생각하면 실제로 내 통장에 들어오는 돈은 더 적겠지만 한 달에 두세 번만 해도 월급만큼은 벌겠네.'

이렇게 돈이 될 것 같은 또 다른 아이디어를 얻은 저는 가슴이 설레기 시작했어요. 바로 쇼핑 정보를 올릴 수 있는 커뮤니티와 카페를 물색하고 학창시절 틈새 시간을 활용해 영어 단어를 외웠듯이 커뮤니티 활동을 시작했습니다. 그리고 핫딜 게시판에 다른 사람들이 올린 아이템을 참고해 위탁판매 상품을 소싱했습니다.

그렇게 마카롱, 아로니아, 물걸레 청소포, 귤, 초당 옥수수, 고구마 등 별의별 상품을 오픈마켓과 커뮤니티의 힘으로 팔기 시작했는데요. 실제로 제 가설이 맞아떨어져 한 번 대박이 터지면 하루에 수백만 원의 매출이 발생했습니다. 아쉬운 점은 위탁판매여서 마진이 너무 적다는 거였어요. 비누샵과 애견용 수제 간식 사업은 70%의 마진을 챙길 수 있었는데 유통업이다 보니 마진이 20%밖에 안 되었습니다.

글을 올렸을 때 댓글이 많이 달리고 판매량이 좋은 상품은 페이스북, 인스타그램 스폰서 광고도 병행했어요. 커뮤니티에서 반응이 좋은 상품은 대중성이 검증된 상품이니까요. 애견용 수제 간식 사업 때처럼 클릭당 비용을 200원보다 저렴한 광고만 돌리자 역시 효과가 좋았습니다. 그런데 이게 어떤 커뮤니티에 어떤 제품을 소개하느냐에 따라 일 매출이 달랐어요. 커뮤니티마다 모이는 성별, 연령, 직업 등이 다르니까요. 커뮤니티에 올라오는 글을 보면서 어떤 사람이 가장 많은지 파악하고 그들이 좋아할 만한 상품을 찾아 올리기 위해 많이 노력했습니다. 여러 번 시험해보니 주부들이 모인 커뮤니티나 카페가 구매할 확률이 가장 높았어요. 대한민국 가정은 아무래도 주부들이 지갑을 열 권한을 꽉 쥐고 있으니까요.

앞에서 커뮤니티에 소개했을 때 잘 나가는 상품의 세 가지 조건을 말씀드렸죠? 범용성 넓고 직관적이면서 저렴한 상품은 대부분 주부들이 좋아했습니다. 몇 가지 사례를 말씀드리죠. 하루는 유통기한이 임박한 아로니아즙을 싸게 공급받아 무료배송 9,900원을 내세워 하루에 8천 박스를 팔았습니다. 철이 지나면 못 먹는 초당 옥수수는 하루에 100만 원 매출이 났고요. 고구마도 엄청나게 팔렸는데 거의 밭 하나를 팔 정도로 돈을 벌었어요.

'땡장'이라는 재래 된장에 청양고추, 마늘, 양파, 표고버섯을 넣어 감칠맛과 얼큰한 맛이 추가된 된장이 있습니다. 물에 풀어 감자, 고기, 대파, 두부를 넣어 끓이면 된장찌개가 되고요. 밥, 나물과 비비면 맛있는 땡장 비빔밥이 되고 고기를 먹을 때 쌈장으로 먹어도 되는 편리한 식품이죠. 이것도 커뮤니티에서 하루에 3천 포 이상 팔렸습니다.

저는 과일을 좋아해 과일 위탁판매를 자주 했는데요. 그중 하나로 캔디 포도를 판 적이 있습니다. 수입 포도인데 사탕처럼 달아 이름이 캔디 포도에요. 실제로 샤인 머스켓보다 달달하고 씨도 없어 먹기 편했는데요. 가락시장을 뒤져 샘플을 먹어가면서 양호한 캔디 포도를 찾았는데 너무 맛있었습니다. 사장님과 협상해 커뮤니티에 소개하자 20대 여성분들이 특히 선호했습니다. 한 송이에

14,000원인 것을 18,000원에 판매했는데 결코 싼 값이 아니었죠. 그런데도 하루에 400kg 넘게 팔려나갔습니다. 인기가 높을 수밖에 없는 이유가 샤인 머스캣은 당도가 높은 것도 있는데 묽은 것도 있고 포도마다 편차가 심한데요. 캔디 포도는 포도 자체가 너무 달아 상등품 여부와 상관없이 단맛이 보장되어 만족도가 높았던 것 같습니다. 농담이 아니라 반품률이 정말 0%였어요. 가끔 너무 무른 포도가 나와 교환해달라는 사람은 있었지만 반품해달라는 사람은 한 명도 없었습니다. 그래서 다음 판매부터는 파격 조건으로 '맛없으면 100% 환불!'이라는 문구를 앞세우자 더 잘 팔렸습니다.

그런 식으로 오픈마켓 핫딜 행사와 커뮤니티를 활용해 그때까지 최소 100종 이상을 판 것 같은데요. 직접 위탁판매한 경우도 있고 마케팅 대행으로 팔아본 적도 있습니다. 위탁판매하며 아쉬웠던 점은 캣츠독 드라이기처럼 재고를 떠안는 리스크는 없지만 마진이 너무 적어 많이 팔아도 큰 이윤이 남지 않았다는 거예요. 특히 돈을 쓰는 광고를 했을 때 광고비는 많이 나갔는데 제품이 잘 안 팔린 날에는 적자를 볼 때도 있었습니다.

반면, 광고 대행을 맡긴 사장님 중에는 대박을 터뜨리는 경우도 제법 많았어요. 그때 저는 위탁판매할 것이 아니라 마진이 높은 자기 브랜드 제품이 필요하다는 것을 깨달았습니다. 그리고 얼마 후 제게 기회가 찾아왔는데요. 김포, 파주에서 떡볶이 제조 공장을 운영하시는 한 사장님이 제게 떡볶이 밀키트 광고를 의뢰한 겁니다. 식품 광고는 맛이 가장 중요하므로 일단 먹어봐야 어떻게 광고할지 감이 잡히거든요. 그래서 밀키트 샘플을 요청해 떡볶이를 직접 만들어 먹어봤는데요. 제가 떡볶이를 그렇게 좋아하는 편이 아닌데도 이 떡볶이는 너무 맛있어 샘플을 다 먹고도 제 돈으로 떡볶이를 더 사 먹었습니다. 제가 떡볶이를 싫어하는 이유는 너무 달달해 금방 물리고 어묵에서 생선 냄새가 나기 때문인데요. 이 떡볶이는 떡도 말랑말랑하고 어묵에서 생선 냄새도 안 나고 단맛도 거의 없고 맵기도 적당했습니다. 맛은 고추장 떡볶이, 로제 떡볶이, 짜장 떡볶이 세 가지였는데 다 너무 맛있어 정신을 차려보니 어느새 10만 원어치 이상을 먹고 있었어요.

떡볶이를 별로 안 좋아하는 저조차 이렇게 맛있게 먹을 수 있다면 커뮤니티와 스폰서 광고로 대박나겠다는 예감이 들었습니다. 실제로 광고를 진행하자 매출이 매달 수백만 원 나왔고 한 번은 광고비 3만 원으로 매출 100만 원이 나왔죠. 대표님이 제게 너무 고마워하시길래 저는 용기를 내 말씀드렸습니다. "대표님, 사실 저는 떡볶이를 별로 좋아하지 않는데 이 떡볶이는 정말 맛있어요. 광고한 후 오픈마켓 후기도 맛있다는 극찬이 많고요. 제가 이 떡볶이 광고 대행이 아니라 직접 팔아보고 싶은데 OEM 제조를 해주실 수 있나요?"

떡볶이 OEM 생산용 박스

　OEM 제조는 'Original Equipment Manufacturing'의 줄임말로 '주문자 상표 부착 생산'으로 번역할 수 있어요. 공장이 제품을 생산하되 생산한 제품에 제 브랜드 상표를 붙여 사입하는 방식이죠. 원래는 떡볶이 대표님이 제게 광고비를 주시면 제가 광고 대행으로 물건을 팔아드렸는데 반대로 제가 돈을 주고 떡볶이 대표님에게서 떡볶이를 사들여 직접 팔겠다고 제안한 겁니다. 제가 잘 판다는 것을 아시는 대표님은 흔쾌히 제안을 받아주셨어요. 원래 OEM 제조를 하려면 MOQ를 맞춰야 하는데요. MOQ는 'Minimum Order Quantity'의 약자로 최소 주문 수량을 뜻해요. 떡볶이를 최소 천 개는 주문해야 공장에서 발주를 받아주는데 특별히 MOQ도 안 받고 제가 원하는 수량만큼 떡볶이를 생산해주기로 하셨습니다.

지흔이네 떡볶이 광고

그렇게 저는 '혼자먹자'라는 브랜드를 만들었고 첫 상품으로 '지흔이네 떡볶이'를 OEM 주문했어요. 제 본명인 임지흔의 '흔'을 따와 혼자먹자를 '흔'자먹자로 바꿔 만든 브랜드입니다. 지흔이네 떡볶이를 만들기 위해 일단 디자이너에게 10만 원을 주고 로고를 만들었습니다. 포장, 스티커, 봉투 제작에도 15만 원이 들었고요. 떡볶이 맛이 세 가지여서 상세 페이지를 개당 30만 원씩 90만 원을 들여 제작했습니다. 상세 페이지 제작용 사진 촬영에 30만 원이 들어갔고요. 그것까지 합치면 총 160만 원인데 기타 자잘한 부수비용까지 포함해 약 200만 원을 들여 제 브랜드 상품을 만든 셈입니다. 떡볶이 사장님이 MOQ 없이 해주신 덕분에 가능한 소자본 창업이었지만 천 개를 주문했더라도 충분히 감당할 수 있는 비용이었어요. 사업 시작 첫 달에 천 개 넘게 팔았고요.

혼자먹자 스마트 스토어를 만든 후 지흔이네 떡볶이를 등록하자마자 리뷰 이벤트를 개최했습니다. 핫딜 정보를 공유할 때 사전에 리뷰가 많아야 대박날 확률이 올라가거든요. 리뷰가 확보된 후 커뮤니티를 돌면서 글을 올렸고 SNS에 스폰서 광고를 배포해 천 개가 넘는 떡볶이를 팔았습니다. OEM을 제조할 때 초기비용이 들었지만 위탁판매와 달리 마진이 높아 순이익이 쏠쏠했어요. 게다가 재구매율도 높다는 장점도 있었습니다. 요즘 학생들의 '최애' 음식이 남학생은 햄버거와 치킨이고 여학생은 마라탕이라는데요. '마라 수혈'이라는 단어가 있어요. 주기적으로 마라탕을 먹어줘야 한다는 뜻이죠. 처음에는 사람들이 핫딜 정보를 보거나 SNS 광고를 보고 지흔이네 떡볶이를 구매했지만 먹은 지 시간이 좀 지나면 자꾸 생각이 나는지 지흔이네 떡볶이를 수혈했습니다.

푹 빠진 아주머니들은 떡볶이 밀키트를 한 번에 10개 이상 사기도 했고 친구들을 불러모아 떡볶이 파티를 열었다는 후기도 보였습니다. 떡볶이가 꾸준히 나가니 저도 떡볶이를 계속 생산했고 떡볶이 사장님도 떡볶이를 팔기 위해 이것저것 신경 쓸 것 없이

혼자먹자 소곱창구이 광고

제조에만 집중하면 되니 마케팅 대행보다 OEM 제조를 선호하셨어요.

떡볶이 다음으로 '혼자먹자 곱창' 밀키트를 만들었습니다. 곱창은 떡볶이 사장님을 통해 만들진 않았고 광고 대행으로 땡장을 팔면서 인연이 닿은 대구식품협회를 통해 OEM 제조를 하게 되었습니다. 대구에는 식품 공장이 정말 많은데요. 프랜차이즈에서 주로 쓰는 소스의 대부분이 대구에서 나올 정도로 규모가 큽니다. 공장에서 여러 식품을 대량생산한 후 각종 요식업체에 낮은 마진으로 넘기는데 이것을 온라인으로 직접 팔면 마진을 더 챙길 수 있지만 공장 사장님들이 연세가 있으셔서 온라인 진출을 힘들어 하셨어요. 제가 그 부분을 광고 대행으로 도와드려 제 밀키트 상품을 OEM 제조하고 싶다는 제안도 흔쾌히 받아주셨습니다.

떡볶이에 이어 두 번째 아이템으로 곱창을 만들었습니다. 저는 곱창을 정말 좋아하는데 친구와 함께 곱창에 소주 한 잔 하기 위해 식당에 가면 1인분에 최소 2만 원을 내야 하더라고요. 그런데 곱창 원가는 1인분에 5,900원 정도입니다. 그래서 5,900원에 제품을 받아 스마트 스토어에 만 원에 등록한 후 '밖에서 먹는 곱창보다 50% 저렴하다.'라는 것을 컨셉으로 잡았어요. 실제로 친구와 식당에서 배불리 곱창을 먹으면 최소 7만 원은 내야 하는데 집에서 혼자 곱창 밀키트로 혼밥, 혼술하면 2만 원이면 충분히 배불리 먹을 수 있어 반응이 좋았습니다. 현재는 혼자먹자 브랜드는 떡볶이와 곱창 두 가지만 취급하지만 브랜드를 더 키워 1인 가구를 타깃으로 혼자먹자 파스타, 혼술 세트와 같은 혼먹 밀키트 세트를 추가 런칭할 계획을 갖고 있습니다.

12

중국에서는 로봇청소기가 8,000원이라고?

위탁판매로 시작해 떡볶이, 곱창 OEM 제조까지 온라인 유통 이야기를 쭉 하고 있습니다. 온라인 유통하면 빼놓을 수 없는 에피소드가 있어요. 바로 중국 유통을 알게 된 건데요. 제가 중학생 시절 비누만 만들다가 동대문을 알게 되면서 문화 충격을 받았듯이 중국 유통도 제 사업에서 큰 터닝 포인트가 되어줬습니다.

앞에서 말씀드렸듯이 제가 처음 중국 유통을 시도한 것은 캣츠독 펫드라이기 사업을 할 때였습니다. 그런데 맨 처음 중국에 관심을 가진 계기는 중학생 시절 동대문 유통을 할 때였어요. 처음 동대문을 알았을 때는 대한민국의 모든 물건이 동대문에서 나오는 것으로 생각했는데 동대문 사장님들과 대화를 나누면서 동대문의 물건이 중국에서 건너온다는 것을 알게 되었습니다. 바닥인 줄 알았는데 그 밑에 지하실이 있었던 것이죠. 동대문 상인들도 물건을 저렴하게 파는데 도대체 중국은 물건을 얼마나 더 저렴하

중국 도매 사이트 1688

게 사올 수 있는 걸까? 학창시절에는 비누샵, 액세서리, 공부를 병행하느라 정신없어 중국 유통을 제대로 알아볼 수 없었습니다. 요즘처럼 웹사이트 번역기 성능이 좋지도 않아 언어장벽도 있었고요. 언젠가는 중국 유통을 제대로 해봐야겠다고 벼르고 있었는데 캣츠독 펫드라이기를 통해 중국 OEM 제조를 접하게 된 것이죠.

우리나라에 도매꾹, 오너클랜 등의 도매 사이트가 있듯이 중국에도 비슷한 도매 사이트가 있습니다. 대표적인 사이트가 해외 직구족도 자주 사용하는 알리익스프레스인데요. 이것보다 가격이 저렴한 곳이 중국 내륙용 도매 사이트 1688입니다. 1688은 중국 핸드폰, 은행 계좌가 없으면 결제할 수 없고 제품을 한국으로 직배송도 불가능한 완전 중국 내수용 사이트인데요. 그만큼 말도 안 되는 저렴한 가격에 상품을 가져올 수 있었습니다.

'와! 오픈마켓에서 최소 35,000원 하는 로봇청소기가 8,000원이라고?' 제품 종류가 엄청나게 많았는데요. 과장 안 하고 우리가 일상생활에서 사용하는 제품의 70%가 1688에 있었습니다. 그것도 한국 평균 시세의 1/4, 1/5배 싼값에! 그중에는 카카오톡 선물하기에서 볼 수 있는 상품도 많았고 평소 제가 홍대나 동대문 시장을 돌아다니며 보았던 익숙한 상품들도 눈에 띄었습니다.

저는 10대 때부터 동대문을 돌아다녀 상품의 대략적인 가격대를 꿰차고 있거든요. 이 제품이 한국에서 얼마에 팔리는지 아는 상태에서 1688의 원가를 접하자 동대문 사장님이 이 제품을 중국에서 얼마에 가져와 얼마를 남기는지가 보였어요. 사람은 살기 위해 물건이 필요하고 내게 필요한 물건을 최대한 싼값에 구매하기 위해 가격 비교 사이트를 열심히 검색합니다. 드디어 최저가 상품을 찾아내 결제하고 합리적 소비를 했다는 만족감을 느끼죠. 그런데 그 최저가 제품이 사실 중국에서 얼마에 넘어오는지 알게 되면 국내 소비자가 일반 공산품, 생활용품을 얼마나 비싼 가격에 사는지 알게 됩니다.

제가 알던 무수한 제품의 '진짜 가격'을 알게 되자 물욕이 사라졌습니다. 제 천성이 사치를 멀리하고 검소하기도 했지만 밖에서

6,000원에 파는 제품이 1688 원가가 600원인 것을 알게 되자 굳이 유통 마진을 쥐가며 상품을 사야 하는지 회의감이 들었습니다. 인스타그램을 하다 보면 사고 싶은 제품이 정말 많은데 원가를 찾아보면 제 안의 지름신이 녹아 사라지곤 했습니다. 한동안 저는 이 원가를 알아보는 '머니게임'에 중독되었죠. 하루 일과를 마치고 자기 전에 태블릿으로 계속 1688 상품을 보며 원가 계산을 했습니다. 사이트가 중독성이 있었는데요. 1688 검색엔진이 인공지능 기반이어서 제품 하나를 검색하면 연관된 상품을 계속 추천해줍니다. 나무위키에서 정보를 볼 때 파란색 텍스트 링크를 클릭하면 거기서 또 링크를 클릭하고 클릭하며 다른 문서까지 덩달아 읽게 되듯이 이 제품을 보면 저 제품을 보고 저 제품을 보면 이 제품도 보게 되고 계속 상품을 보면서 원가 계산을 했어요. 단순 소비자라면 별 감흥이 없었겠지만 유통업을 하는 제게는 마치 보물상자에서 가장 값비싼 보석을 고르는 느낌이었습니다. 보석을 고르는 그 과정이 너무 재미있어 '자야지, 이제 자야지'라면서도 '아, 그래도 하나만 더 원가 계산해보고 자자.'하다가 해가 뜬 날도 있었죠.

'이건 돈이 되겠다!'라는 예감이 드는 아이디어를 접하면 저는 직접 해봐야 직성이 풀리는 성격이어서 바로 1688 유통에 도전했습니다. 최대 난관은 중국어였습니다. 중국어는 모든 단어가 한자 기반이어서 제가 보고 싶은 제품의 정확한 단어가 알기 쉽지 않았습니다. 특히 로봇청소기처럼 영어가 섞인 제품은 Robot이 중국 한자로 무엇인지부터 알아야 했고요. 대부분 사전을 검색하면 찾을 수 있었지만 사전을 아무리 찾아봐도 안 나오는 단어는 중국 유학생이 모인 오픈 채팅방에 들어가 물어보고 답을 알려준 유학생에게 기프티콘을 선물했습니다. 이렇게 보물상자 속 여러 아이템 중에서 제가 고른 보석은 네일 스티커였습니다. 아시다시피 여성들은 네일 아트를 자주 하죠. 제가 네일 스티커 유통을 시작할 당시 네일샵을 찾아가 열 손가락을 시술받으면 5~7만 원을 줘야 했는데 1688에서 네일을 소싱하면 열 손가락 다 하는 데 원가가 60원이었습니다. 네일샵의 1/10 가격인 만 원에 팔아도 166~167배의 마진이 남아요.

이건 그야말로 연금술이라는 생각에 일단 샘플부터 주문했습니다. 여기서 팁은 중국 수입품은 무조건 샘플을 받아봐야 한다는 겁니다. 사이트에 올라온 사진과 실제 상품의 괴리가 클 수 있거든요. 네일 종류가 너무 다양해 샘플 주문하는 것도 일이었는데요.

'이 많고 많은 디자인 중 우리나라 여성들은 어떤 걸 좋아할까? 이건 귀여운 거, 이건 섹시한 거, 이건 심플한 거…'

카테고리를 분류한 후 각 카테고리에 해당하는 네일 샘플을 전부 주문해 한국 창고에 박스를 쌓았습니다. 샘플도 모이고 모여

창고에 쌓인 중국산 네일 아트 샘플 박스들

수백 개가 넘었어요. 그런데 열 개에 60원밖에 안 하니 이렇게 많이 구매해도 다 합쳐도 50만 원도 되지 않았습니다. 도착한 샘플을 사용해보니 역시 'Made in China'여서 데싱디바만큼의 퀄리티는 아니었습니다. '이건 정말 만 원도 받으면 안 되고 싼 맛에 쓰기 좋은 컨셉으로 가야겠다.'

박리다매를 결심한 저는 스마트 스토어에 네일을 5,900원에 등록했어요. 그럼에도 원가가 60원이니 마진은 98배였습니다. 그리고 네일아트 광고를 만들어 인스타그램 스폰서 광고를 시작했는데요. 이번에도 광고 소재 여러 개를 등록해 CPC가 180원보다 비싸게 나오는 소재는 전부 꺼버렸습니다. 저렴한 가격에 혹한 여성들이 사기 시작했는데 퀄리티가 떨어지니 사용 후기는 확실히 안 좋았습니다. 그래도 워낙 저렴해 한 번 쓰고 버린다고 생각하면 나쁜 가격이 아니어서 A/S는 나오지 않았어요. 나중에는 가격을 더 낮춰 3,900원에 1+2로 세 개를 주자 반응이 좋았습니다. 제 마진은 줄어도 원가가 60원이니 결국 남는 장사였어요.

다른 일을 전부 제쳐놓고 작정하고 1688 소싱과 광고만 계속했다면 저는 제법 큰 돈을 벌었을 겁니다. 그러나 1688 중국 유통은 네일아트 이후 몇 번 더 해보고 그만뒀는데요. 이건 정말 돈만 보고 하는 일이어서 큰 동기부여가 되지 않았습니다. 제가 돈이 정말 궁한 상황이고 이 방법 외에 돈을 만들 방법이 없었다면 열심히 했을 거예요. 그런데 그때까지 사업으로 벌어둔 충분한 돈이 있었고 굳이 중국 소싱을 안 해도 돈 벌 방법이 많으니 거기에 매달릴 필요가 없었죠. 현재는 중국 소싱을 보험 정도로 생각하고 있습니다. 미래에 제가 큰 실패로 전 재산을 잃는다면 1688 소싱이라는 소자본 유통사업으로 다시 재기할 종잣돈 정도는 만들 수 있겠다는 생각이 듭니다.

여기까지 읽으시고 1688 중국 유통을 해보고 싶으신 분도 계실 겁니다. 중국 유통은 어느 정도 진입 장벽이 있지만 열정을 갖고 집중하면 누구나 해낼 수 있는 난이도라고 생각합니다. 책 지면상 구체적인 방법을 다 적을 수는 없지만 제가 중국 소싱을 해보면서 느낀 주의할 점을 알려드리고 마칠게요. 이건 실무를 직접 안 해보시면 알기 힘든 부분이어서 알아두시면 좋은데요.

일단 1688 소싱으로 가져오기 좋은 아이템은 많은 사람이 쓰는 공산품이면서 1688 제품의 퀄리티가 기존 카테고리 제품에 크게 밀리지 않고 가격경쟁력이 있는 상품입니다. 해외 직구를 해보면 아시겠지만 중국에서 제품이 건너오기에 1688로 판매할 아이템을 대량 주문하면 국내 물류 창고에 입고되기까지 시간이 오래 걸립니다. 당연히 식품처럼 유통기한이 짧은 상품은 소싱할 수 없고 1688로 제품을 아무리 싸게 구할 수 있더라도 의류·식품은 국내에서 유통마진을 더 없더라도 좋은 상품을 사야 합니다.

식품은 건강과 관련 있고 의류도 1688의 저렴한 옷은 길거리 보세 옷이어서 품질이 안 좋더라고요. 옷은 원단이 좋아야 오래 입는데 품질이 나쁘면 세탁기에 한 번만 돌려도 보풀이 일어나거든요. 반면, 어디서 사든 품질이 비슷한 공산품은 1688에서 소싱해 팔아볼 만합니다.

주의할 점은 첫째, 가격이 저렴하다고 처음부터 대량 주문을 넣으면 안 된다는 겁니다. 무조건 샘플을 확인해야 하는데요. 한번은 1688의 옷걸이가 무척 저렴하길래 '이건 굳이 안 팔아도 집에서 쓸 수 있겠다.'라는 생각에 옷걸이 여러 개를 1688에 주문한 적이 있는데 사람 옷을 거는 옷걸이가 아니라 손바닥 크기만한 옷걸이 모양의 미니어처가 온 거예요. 만약 판매할 생각에 대량 주문했다면 생각만 해도 아찔하죠? 중국에서 건너오니 반품할 수도 없고요. 이처럼 1688에서 보이는 제품 사진과 실제로 받아보는 실물 간에는 큰 괴리가 있으니 샘플 확인은 필수입니다.

1688은 알리바바나 타오바오와 달리 중국 내수용 도매 사이트여서 외국인인 우리는 신용카드로 결제하지 못합니다. 중국인만 이용할 수 있으므로 어쩔 수 없이 중국인 한 명을 끼고 하거나 1688에서 제품 구매대행을 해주는 전문업체를 끼고 수입해야 하는데요. 무조건 개인이 아닌 정식 회사를 끼고 소싱을 진행하시는 것이 좋습니다.

회사는 수수료를 보통 20% 이상 요구하는데 개인은 5~10%를 요구합니다. 문제는 개인과 거래하면 사기당할 확률이 매우 높다는 점이에요. 개인적인 친분이 있어도 그렇습니다. 저도 400만 원을 한 번에 사기당한 적이 있어요. 제가 아는 한 사장님이 4억 원어치 물건을 주문했는데 인천항에서 화물을 열어보니 1톤의 벽돌이 채워져 왔다네요. 중국과의 거래에서는 사건·사고가 많으니 조심, 또 조심해야 한다는 것을 명심하세요. 사기는 멍청해서 당하는 게 아니라 정말 복불복입니다. 사전에 아무리 치밀하게 안전장치를 걸어놔도 운이 나쁘면 사기꾼을 만나 누구든지 사기를 당할 수 있더라고요. 업체를 선정할 때도 아무 업체에나 전화하면 안 됩니다. 한국, 중국 양국에 사업자등록증을 확인할 수 있고 최소

10년 이상 성실히 운영한 대행사가 있습니다. 이런 회사는 후기도 좋고 수수료도 타사보다 2~3%가량 더 비쌉니다.

실제로 저는 개인을 통해 진행했을 때는 수수료로 11%를 줬는데 회사를 통해 진행했을 때는 20%를 줬어요. 수수료가 9%나 더 나갔지만 일을 정말 깔끔히 처리해줘 제품을 무사히 받을 수 있었습니다. 수수료 아끼려다가 제품 대신 벽돌을 받을 수도 있으니 무조건 정식 업체와 진행하라는 것이 두 번째 팁입니다.

세 번째 팁은 저작권인데요. 중국은 저작권에 대한 인식이 미비한 나라에요. 인기 있는 브랜드나 장난감을 그대로 카피해 저렴하게 파는 경우가 비일비재합니다. 피카추 인형처럼 너도나도 다 아는 브랜드의 카피 제품이라면 애당초 주문하지도 않았겠지만 저작권 이슈가 전혀 없을 것 같은데 예상치 못하게 저작권 문제에 걸리는 경우가 있습니다.

저는 한국에서 18,000원 하는 제품을 1688 소싱으로 2,000원에 가져온 적이 있어요. 하나를 팔면 9배 마진이라는 생각에 웃으면서 상품을 등록했는데요. 그런데 웬걸? 캐릭터가 들어간 것도 아니고 디자인이 특이한 것도 아닌 단순 장난감인데 그 제품은 디자인 특허권을 가지고 있었습니다. 특허권을 가진 업체에서 판매를 중단하라고 연락이 온 거죠. 그나마 다행으로 저는 무조건 적은 수량 샘플부터 확인한다는 1번 원칙을 지켜 이 상품을 많이 주문하지 않았습니다. 20만 원을 써 100개만 주문했기에 남은 제품을 폐기 처분하고 끝냈는데요. 만약 샘플을 건너뛰고 9배 마진에 눈이 멀어 처음부터 대량 주문했다면 어찌 되었을지 식은땀이 흐르더군요.

국내 공장이라면 이런 이슈가 터졌을 때 손해배상 청구라도 할 수 있지만 중국 공장과의 거래에서는 그마저도 불가능합니다. 저작권에 대한 인식 자체가 부재해 고발이 힘든데 공장 입장에서는 물건을 줬으니 계약 위반이 아니라는 것이죠. 무조건 소량 샘플부터 구매해 팔아보고 문제가 없다는 것이 판명된 후 제품을 많이 가져와야 합니다. 대량으로 제품을 받으면 불량품도 섞어 있기 마련인데요. 제품을 해외에서 가져오니 A/S가 힘들다는 단점도 있습니다. 그래서 차선책으로 제품을 소싱할 때 공장 측과 상의해 구매한 총수량의 3%가량의 제품을 무상으로 주면 그것을 교환하는 데 사용하고 공장 측에는 클레임을 걸지 않겠다는 협상을 하는 거예요. 천 개를 주문했다면 3%인 30개를 더 받아 손실을 최소화하는 겁니다.

한국 제조업체와 일한다면 이렇게까지 할 필요도 없이 바로 공장과 소통하면 되지만 언어와 거리의 장벽이 있으니까요. 설령 공장에서 물건을 보내줄 수 있더라도 바다를 건너오는 비용이 더 많이 나갑니다. 이런 3% 추가로 받는 것을 공장 측에서는 절대로 먼저 말하지 않으니 우리가 먼저 말해야 합니다. 한국과 마찬가지로 중국도 공장들마다 제각각입니다. 업체를 잘 만나면 샘플 확인도 빠르고 소통도 잘 되지만 이상한 업체를 만나면 불량품이 많고 소통도 잘 안 됩니다. 잘 찾아보면 물건도 만들면서 소통·응대도 잘 해주는 공장이 소수나마 있으니 그런 양심적인 업체를 찾아 계약해야 합니다. 저는 처음에 사소한 건이라도 문의해 공장의 응대가 빠른지 느린지 테스트하는 편입니다.

1688을 이용하다 보면 개인 메신저로 플랫폼을 안 끼고 1:1로 공장 발주하면 더 싸게 해준다는 제안이 오기도 합니다. 중국은 조심하고 또 조심해야 한다고 했죠? 수수료를 더 내더라도 무조건 1688을 끼고 거래하세요. 내가 정말 중국에 있는 사람이라면 괜찮을 수 있지만 한국에서 원격으로 물건을 사는 입장이어서 거액을 입금했는데 공장이 책임을 안 지면 답이 없습니다. 그나마 1688로 거래하면 크몽처럼 안전거래를 보장해주니 리스크를 줄일 수 있어요. 거래할 때도 한국인 티를 내면 호구 잡힐 수 있으니 예를 들어, 광저우에 있는 중국인 행세를 해야 합니다. 무슨 일이 터지면 언제든지 그 공장으로 찾아갈 수 있다는 뉘앙스를 풍겨야 사기당할 확률이 줄어듭니다.

13

위기를 기회로!
코로나19에 돈을 더 버는 방법

제가 20살이 되었을 때 청천벽력과 같은 사건이 터졌습니다. 사스, 메르스처럼 일찍 끝날 것으로 생각했던 코로나19 팬데믹이 장기화된 것이죠. 마케팅 대행사를 운영하면서 맛집 등 오프라인 자영업 광고를 많이 맡고 있었는데 코로나19가 장기화되자 자영업자 사장님의 마케팅 대행 의뢰가 실종되었습니다. 뉴스를 보면 대부분 사장님이 어려움을 호소했고 정부는 재난지원금도 몇 번 뿌렸죠. 그런데 아시다시피 코로나19를 계기로 오히려 더 많은 돈을 버는 사장님도 있었습니다. 마스크를 판매하거나 언택트 문화와 결이 맞는 사업자가 그랬어요.

저도 변할 필요가 있었습니다. 코로나19 환경에서도 매출을 올릴 수 있는 아이템을 물색하기 시작했어요. 저는 그 답을 완구에서 찾았습니다. 엄마나 아이나 외출하지 못하고 집에만 있으니 엄마들 사이에서 가정보육, 홈스쿨링, 집놀이, 집콕, 공동육아와 같은 키워드가 한창 유행한 것을 캐치한 겁니다. '그렇구나! 평소처럼 키즈 카페도 못 가고 유치원도 문을 닫았어. 엄마가 홈스쿨링으로 아이와 직접 놀아줄 수밖에 없는데 빈손으로 아이와 놀 수는 없잖아? 아이와 놀려면 완구가 필요할 거야. 지금은 그 완구를 찾아 팔 때구나!'

저는 코로나19로 확 줄어든 제 매출을 견인해줄 완구를 서둘러 조사하기 시작했어요. 엄마와 아이가 충분히 만족하면서도 경쟁업체 수가 적은 참신한 상품을 찾다 보니 국내 상품 너머 해외 상품까지 찾아봤는데요. 그렇게 '해피즈 종이집'을 수입하게 되었습니다.

지금도 인스타그램에 #해피즈 종이집 해시태그를 검색하면 실물 제품을 구경할 수 있는데요. 보시다시피 박스만큼 큰 종이를 접어 집 모양을 만들고 그 집을 색연필로 색칠하거나 스티커를 붙여 나만의 집을 꾸미는 유아 완구입니다. 아이가 자기만의 작은 집을 직접 꾸미고 다 꾸민 후에는 안에 들어가 창문도 열 수 있어요.

위탁판매를 하면서 커뮤니티의 힘을 절감한 저는 이 해피즈 종이집도 주부 커뮤니티에 소개했습니다. 아이가 직접 만드는 DIY형 제품이어서인지 인기가 엄청났죠. 조회 수가 한 번 터지면 글 하나를 만 명이 읽자마자 재고가 매진되었습니다. 상품 자체도 좋았지만 제 예상대로 코로나19 상황이어서 완구에 대한 니즈가 높아져 더 잘 팔렸던 것 같습니다. 처음에는 위탁판매로 팔았지만 코로나19가 도대체 끝날 기미가 안 보이자 정식 수입한 후 브랜딩하기로 결정했어요. 스마트 스토어에 상품을 등록해놓고 인스타그램 공식 계정을 만들어 마케팅을 진행했습니다. 차별화할 방법을 고민했는데 OEM 제조가 아닌 사입이어서 제품 차별화가 힘들어 프로모션을 차별화했죠.

해피즈 종이집

제 타깃 고객인 어머니들이 많이 모인 인스타그램에서 해피즈 종이집 키즈모델 모집 이벤트를 개최했습니다. 대부분 어머니들은 예쁜 자기 자식을 연예인으로 만들고 싶어 하는 욕망이 있습니다. 인스타그램 해시태그로 #키즈모델 #아역배우 태그를 검색해 '아이가 예뻐요. 해피즈 종이집 키즈모델에 지원해주세요.'라는 댓글을 달며 돌아다녔습니다. 그럼 계정을 운영하는 어머니들이 제 댓글을 확인한 후 프로필을 클릭해 해피즈 종이집 상품을 구경한 후 키즈모델 신청을 했습니다. 틈새시간을 활용해 손품을 파는 것만으로 한 달에 팔로워 천 명을 돌파했고요. 해피즈 종이집 게시글은 사람들이 지인에게 공유해 수만 명이 둘러봤어요. 그중에는 구경하다가 상품이 마음에 들어 결제한 고객도 꽤 있었습니다.

문제는 모든 상품이 한 가지만 계속 팔면 고객들도 질리므로 신상을 만들고 콘텐츠에도 변화를 계속 줘야 한다는 건데요. 해피

'해피즈 종이집' 키즈모델 선발대회 광고

즈 종이집은 비누샵이나 애견용 수제 간식 사업과 달리 제조업이 아닌 사입 제품이어서 제품 자체를 제가 원하는 방향대로 수정할 수는 없었습니다. 결국 기존 제품으로 색다르게 보여줄 방법을 계속 궁리했어요.

하루는 과자집 만들기 이벤트를 열었습니다. 종이집을 계속 보다 보니 불현듯 동화 「헨젤과 그레텔」이 떠올라 제과업체와 콜라보해 엄마와 아이가 「헨젤과 그레텔」을 읽으며 집에 과자를 붙여 과자집을 만드는 프로그램을 만든 겁니다. 그리고 지붕이 뾰족한 집은 날개 네 개를 붙이면 로켓 모양이 되었는데요. 여기에 검은색 배경의 천막을 중국에서 대량 구매해 세트로 배송해줬습니다. 우주 로켓집을 완성한 후 플래시를 켜고 우주가 뒷배경인 천막을 치고 방의 불을 끄니 그럴듯한 로켓 사진이 찍히더군요. 내 아이가 우주에 집을 세운 것만 같은 콘텐츠가 연출되었습니다.

종이 로켓집

브랜드를 만들고 팔로워를 모아 제품을 팔아야 하니 비누샵과 애견용 수제 간식 사업 때처럼 콘텐츠에 계속 변화를 준 건데요. 실제로 이런 기획을 어머님들이 무척 좋아하셨고 다음 콘텐츠도 기대된다길래 저도 보람 있었습니다. 종이집을 팔면서 저는 교구 시장에 눈을 떴습니다. 단순한 장난감이 아닌 교육적 효과가 있는 완구, 즉 교구는 부모님들이 자녀에게 계속 사주려고 해 시장성이 충분했습니다. '이 교구 쪽으로 꾸준히 신제품을 출시하면 잘 팔릴 것 같은데?' 그래서 한때 몬테소리와 같은 교구도 공부해보고 아예 영국으로 유학 가 전문적으로 배워볼 생각도 해봤죠. 다만 장점만 있는 건 아니었습니다. 비누나 애견용 수제 간식은 재구매가 일어나는 상품으로 팬층을 만들면 계속 마케팅하지 않더라도 다 떨어지면 재구매하는 매출 기반이 있었어요. 그런데 해피즈 종이집은 한 번 재미있게 놀면 그걸로 끝! 재구매가 없는 상품이니 어린이날이나 크리스마스나 코로나19 등 완구·교구 수요가 폭증하는 특정 시즌에만 팔 수 있다는 한계가 있었습니다. 비슷한 완구 중 성수기가 아니더라도 꾸준히 판매할 수 있는 아이템을 찾아보기 시작했어요. 그렇게 도달한 끝판왕 아이템이 바로 에어바운스였습니다.

에어바운스를 잘 모르는 분들도 계시죠? 에어바운스는 가평 빠지에서 흔히 볼 수 있는 수상 레저 놀이기구이자 놀이공원에서도 흔히 볼 수 있는, 바람을 넣으면 부풀어 오르는 놀이기구인데

에어바운스 해시태그

요. 보통 빠지나 놀이공원에 있는 것들은 사이즈가 큰데 이것을 가정용으로 맞게 만들었다고 보시면 됩니다.

사진에서 보듯이 맨 처음에는 흐물흐물한 비닐인데 공기를 집어넣으면 탱탱해져 키즈 카페의 미끄럼틀이 되거나 좌우로 오르내리는 시소 모양 등 다양한 종류가 있습니다. 처음에는 이 에어바운스를 판매할 생각이었는데 개당 단가가 40~60만 원으로 너무 비쌌습니다. 한편, 생각해보니 에어바운스 하나가 집안 거실을 가득 채워 휴대하기도 불편하고 아이들도 며칠만 타면 질려 애물단지가 될 것 같더라고요. 그래서 판매가 아닌 렌탈 사업으로 방향을 바꿨습니다. 서비스 차별화를 해야 할 것 같아 체육·레크리에이션 강사를 섭외해 에어바운스를 구매한 고객의 집에 파견해 자녀들과 함께 노는 것을 가르쳐볼까 생각해봤어요. 그러나 그 비용을 고객이 내야 하니 가격 부담이 되고 인건비나 강사님을 전국적으로 관리해야 하는데 감당이 안 될 것 같아 에어바운스 렌탈만 하기로 최종결정했습니다.

우선 에어바운스를 구매했습니다. 한국에는 제조사가 없어 중국에서 구매했는데요. 1688에서 개당 원가가 20만 원이었는데 관세 등을 내고 나면 약 40만 원의 견적이 나왔어요. 그런데 에어바운스 전문 수입업체를 이용하면 50만 원이 나오길래 이 업체를 통해 에어바운스를 한 번에 많이 사 할인받기로 했습니다.

그렇게 디자인 종류별로 서너 개씩 총 20개의 에어바운스를 구입했어요. 그것에만 800만 원이 나갔습니다. 에어바운스는 부피가 커 보관할 창고가 필요했습니다. 수소문한 끝에 하남의 작은 창고를 얻었는데 창고 보증금이 천만 원, 월세는 70만 원이었습니다. 에어바운스 구매비까지 합쳐 종잣돈 1,800만 원에 매달 70만 원의 고정지출이 발생하는 소자본 창업을 한 셈이죠. 창고에는 실장님이 계셔서 렌탈 주문이 들어오면 제가 송장을 드리고 송장 주소대로 택배를 부쳐주셨습니다. 렌탈 나갔다가 다시 돌아온 에어바운스는 청결하게 닦아주셨고요. 그런데 택배사 계약부터 쉬운 일이 아니었습니다. 부피가 크다 보니 택배비로 3,000원이 아닌 왕복 15,000원이 나갔어요.

처음에는 CJ대한통운과 계약하려고 했는데 대형 택배는 취급하지 않는다며 거절했습니다. 롯데글로벌로지스도 거절했고요. 로젠 택배도 거절했어요. 게다가 일방 판매가 아닌 렌탈 사업이어서 회수해야 하는데 왕복 회수 개념이 있는 택배사가 없어 계약 업체를 찾기가 더 힘들었습니다. CJ, 롯데, 로젠 외에도 무수히 많은 업체를 거쳤는데요. 어떤 곳은 한 번 해보겠다더니 도저히 힘들어 안 되겠다며 포기하는 경우도 있었고요. 찾다 찾다 마침내 계약이 성사된 택배사가 한진택배였습니다. 이런 비하인드 스토리가 있어 매년 명절이 되면 저는 한진택배 직원 일동에게 명절 선물을 보내며 올 한 해도 잘 부탁드린다는 인사를 전하고 있어요.

사업 틀이 잡혔으니 판매를 해야겠죠? 먼저 스마트 스토어에 에어바운스를 4박 5일 동안 빌리는 데 택배 왕복 포함 5만 원으로 등록했습니다. 1월 1일부터 1월 6일까지 닷새 동안 대여하고요. 또한, 1월 6일부터 1월 11일까지 닷새 동안 대여하는 식으로 딱딱 끊어 한 달이 다 채워지도록 상품 옵션을 등록했고 2주가 지날 때마다 다음 날짜로 상품 옵션을 싹 리뉴얼했습니다. 이렇게 예약제로 만드니 편한 점이 예약 날짜가 리뉴얼된 날에 커뮤니티에 소문을 내고 스폰서 광고를 돌리면 불과 며칠 안에 한 달치 예약이 꽉 찼습니다. 예약이 다 차면 광고를 중단했고요. 그다음부터는 제가 송

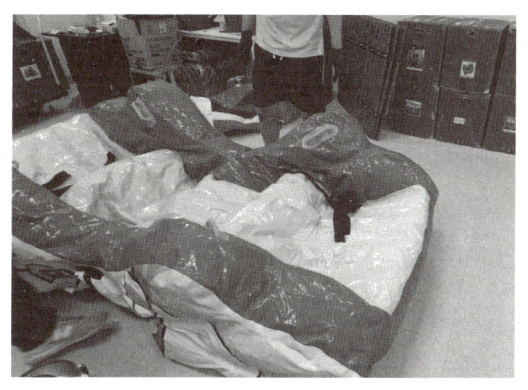

에어바운스 관리

장만 보내면 하남 창고 실장님이 에어바운스를 보내고 고객이 잘 사용한 후 반납하고 실장님이 닦은 후 다시 출고하는 등 전 과정이 순조롭게 돌아갔습니다.

실질적으로 저는 판매에만 집중하면 되는데 에어바운스의 강점은 해피즈 종이집과 달리 재구매가 일어난다는 것이었습니다. 처음에는 가정용으로만 생각했는데 주문하는 분들을 보니 어린이집, 태권도장, 교회에서 렌탈을 많이 하더라고요. 그중에는 일반 가정집인데 시도 때도 없이 에어바운스를 빌려 이쯤 되면 그냥 하나 사는 게 저렴할 것 같은 고객님도 계셨습니다.

에어바운스도 해피즈 종이집처럼 잘 나가는 성수기가 있었지만 그 성수기의 범위가 해피즈 종이집에 비해 매우 넓었습니다.

어린이날, 크리스마스 외에도 아이들이 집에 오래 있는 여름방학, 겨울방학, 추석 연휴에도 잘 나갔고 아이들이 생일 파티할 때도 잘 나가 사실상 1년 내내 수요가 있었습니다.

아이들이 에어바운스를 얼마나 좋아하던지 반납 기간이 되어 집에서 사라지면 "으앙, 엄마! 우리 에어바운스 왜 가? 어디로 가?" 서글프게 울며 제발 가지 말라고 땡깡을 피웠습니다. 그럴 때마다 어머님들이 "응, 괜찮아. 우리 에어바운스 사라지는 거 아니야. 잠시 다른 집에 갔다가 다시 돌아올 거야. 울음 뚝! 지금은 잠시만 보내주자?"라며 달래는 웃픈 상황이 자주 연출되었습니다. 그래서인지 한 번 빌린 집은 이듬해 생일이나 시즌이 다시 오면 또 빌리는 경우가 많았어요.

그렇게 충성고객이 계속 쌓여가고 광고도 굉장히 쉬워 판매는 매우 순조로웠습니다. 복잡하게 갈 필요도 없이 아이가 에어바운스를 갖고 신나게 노는 동영상을 인스타그램에 내보내면 1회 클릭 비용으로 80~120원이 나왔습니다. 120원으로 쳐도 100회 클릭하면 12,000원인데 그 100명 중 한 명만 예약해도 렌탈 비용이 5만 원이니 무조건 남는 장사였죠.

매달 나가는 창고 월세는 제외하더라도 제 돈 1,800만 원을 투자했으니까 렌탈이 최소 360회 이루어져야 투자금을 회수할 수 있었는데 3개월 후부터 손익분기점을 넘겼습니다. 렌탈 사업이어서 고객이 에어바운스를 안 돌려주거나 파손시킬까 봐 걱정했는데 그런 불상사도 없었어요. 가끔 불의의 사고로 박스를 칼로 뜯다가 에어바운스가 찢어지거나 갖고 놀다가 살짝 금이 갔지만 고의로 파손하거나 안 돌려주는 경우는 없었습니다. 생각보다 에어바운스 내구성이 튼튼했고 조금 훼손된 건 부모님이 배상해주셨죠. 꿰맬 부분은 꿰매고 천을 덧대 수리하면 다시 렌탈이 가능했습니다.

14
고졸 사장, 온라인으로 자신을 판매하다

슬픔을 일로 씻어내고 유통과 온라인 광고 대행을 열심히 하던 제게 또 하나의 터닝 포인트가 되어준 사건이 있었습니다. 셀러매치라는 플랫폼에서 온라인 강의를 런칭한 일인데요. 셀러매치는 위탁판매 중개 플랫폼으로 쉽게 말해 상품을 가진 공급자와 상품을 팔고 싶어 하는 위탁판매 마케터를 연결해주는 사이트입니다. 제품을 가진 제조사와 물건을 팔고 싶어 하는 셀러를 매치(match)해줘 셀러매치라는 이름이 붙었어요.

처음 셀러매치를 알게 된 것은 여의도에서 광고 대행사를 하던 무렵입니다. 유통업에 종사하시는 최 이사님이라는 클라이언트를 맡게 되었죠. 딸기, 신발 등 여러 아이템을 가져오셔서 대신 팔아드렸는데 어린 저를 무시하기는커녕 존중해주고 점잖고 매너까지 갖춰 정말 인상이 좋은 분이셨어요. 상품을 팔 일이 있어 종종 연락드렸는데 셀러매치라는 스타트업 회사에 이사진으로 들어갔다고 하셨습니다. 그때는 대수롭지 않게 넘겼는데 2020년 가을 셀러매치 플랫폼이 다 완성되었으니 광고해달라며 미팅을 하게 되었어요.

자상하고 부드러운 최 이사님과 달리 CEO인 송 대표님은 날카롭고 현실적인 분이었습니다. 첫 만남에서 저는 셀러매치에 상품을 가진 제조사가 모여들면 광고가 필요할 테니 나를 공식 광고 대행사로 입점시켜 거기서 발생하는 매출을 반반씩 나눌 것을 제안했습니다. 그러자 플랫폼에 사람이 아직 많이 모이지 않았으니 대행은 시기상조이고 혹시 온라인 강의를 해볼 생각이 없는지 역제안을 했어요. 나중에 안 사실인데 송 대표님의 직업은 원래 영어 강사였답니다. 강사 활동을 하다가 스마트 스토어를 알게 되어 위탁판매로 성과를 올리고 관련 교육까지 하다가 셀러매치 사업까지 하게 된 거죠.

온라인 강의는 예정에 없던 일이어서 잠시 고민한 끝에 결국 수락했습니다. 새로운 도전이 설렜지만 수락한 가장 큰 이유는 셀러매치와의 접점을 만들고 싶었기 때문이었던 것 같아요. 성인이 되면서 지금처럼 물건을 파는 장사도 좋지만 법인을 만들어 주식을 발행하고 사회에 영향력을 행사하는 기업을 만들고 싶은 욕구가 항상 있었거든요. 셀러매치가 아직 완전하진 않지만 법인을 설립하고 벤처기업 인증을 받고 투자를 받아 조금씩 회사를 키워가는 모습을 보니 옆에서 많이 참고하고 싶은 생각이 들었어요. 제가 하겠다고 하자 송 대표님은 일단 강의 커리큘럼부터 짜오라고 하길래 만들어 드렸더니 그걸로는 안 된다며 고쳐오라고 했어요. 다시 고쳐 드렸더니 아직 안 된다며 또 고치라고 하셨어요. 커리큘럼 통과에만 4개월이 걸렸습니다.

지금이야 저 혼자 PPT도 만들고 촬영도 하고 영상편집도 하고 동영상 한 편을 뚝딱뚝딱 잘 만들지만 당시만 해도 동영상 강의를 만들어본 적이 없어 무엇부터 어떻게 해야 할지 막막하기만 했습니다. 송 대표님도 스타트업을 운영하느라 제게 시간을 낼 수 없어 저 혼자 모든 과정을 해결해야 하는 상황이었어요. 일단 장비로 무엇을 써야 할지부터가 난관이었습니다. 주변의 촬영 경험 자분에게 물어보고 유튜브를 검색해가며 하나둘 준비하기 시작했죠. 강사 데뷔를 했으니 비주얼이 중요하겠다는 생각에 처음에는 샵에 가 20만 원을 주고 메이크업받아 촬영했습니다. 그런데 촬영본을 송 대표님께 드리자 이번에도 마음에 안 든다며 다시 찍어오라고 했습니다.

혼자 고생고생하며 카메라 세팅, 조명 세팅, 마이크 세팅하고 힘겹게 찍었는데 결과물이 무시당하니 순간 화가 치밀어올랐어요. 잠시 심호흡하고 다시 생각해보니 온라인 강의는 한 번 찍으면 평생 박제가 될 테니 어중간하게 찍으면 문제가 될 것 같아 마음을 추스르고 다시 촬영을 시작합니다. 초보 티가 안 나도록 영상 퀄리티를 올리는 시험을 했는데요. 장소도 바꿔보고 카메라도 바꿔보고 조명도 바꿔보고 영상 포맷도 바꿔보면서 최적의 조합을 찾아갔어요. 촬영 장소만 하더라도 셀러매치에서 찍어보고 스튜디오를 빌려 찍어보고 친구 집에서 찍어보다가 결국 제가 사는 집으로 정했습니다.

 물론 시설은 스튜디오가 가장 좋지만 한정된 시간밖에 쓸 수 없어 제약이 없는 집이 가장 좋았습니다. 집 옷방의 짐을 다 빼고 크로마키와 컴퓨터를 설치해 촬영했어요. 혹자는 이렇게 말할 겁니다. 강의 그거 화면에 PPT 띄워놓고 설명하면 되는 것 아니냐고. 처음에는 저도 그렇게 생각했는데 직접 해보니 말처럼 쉬운 게 아니었습니다. 우리는 유튜브나 온라인 강의 사이트에서 20분 분량의 동영상을 편하게 보지만 그 20분 분량의 동영상은 강사가 1시간 가까이 떠든 원본이 편집되고 다듬어져 나오거든요. 20분 분량의 영상 한 편을 만들기 위해 강렬한 조명을 켜고 1시간 넘게 말을 해야 하는데 눈이 녹아내리는 것 같았습니다. 새삼 아프리카TV에서 방송하는 여캠, BJ들이 마냥 편하게 별풍선을 버는 직업이 아니라는 사실을 깨달았어요.

 그럼 조명을 안 쓰면 되지 않냐고요? 저도 그런 생각에 조명 없이 촬영해봤는데 결과물을 보고 알게 되었어요. 조명은 예쁘게 보이려고 켜는 것이 아니라 안 예뻐 보이는 것을 방지하기 위해 켠다는 것을 말입니다. 해보신 분들은 아시겠지만 영상촬영할 때 조명이 없으면 사람 얼굴에 그림자가 져 푸석푸석한 인상이 됩니다. 또한, PPT가 있다고 영상 한 편이 뚝딱 나오는 것도 아니에요.

영상 한 편이 나오려면 커리큘럼을 바탕으로 회차마다 담을 내용의 초안을 써야 하고 그것을 발전시켜 세부 교안이 나옵니다. 그 후 말할 내용의 우선순위를 분류해 약식 대본을 만듭니다. 대본을 보면서 강의하면 되지만 그 전에 리허설 녹화를 진행해요. 프리스타일로 쭉 강의할 때 몇 분가량이 나오는지 보면서 너무 짧거나 늘어지지 않고 적당한 러닝타임이 나오도록 대본을 최종 수정합니다. 그 후 다시 녹화하고요. 이 녹화본을 프리미어 프로로 컷 편집하면 동영상 한 편이 나옵니다.

보통 인터넷 강사들은 장비 세팅, 대본, 촬영, 편집을 전문 PD와 방송 스태프의 도움을 받는데 이 모든 것을 혼자 하려니 너무 힘들었습니다. 전업이면 모를까 본업이 있는 상태에서 병행하자니 죽을 맛이었죠. 그래도 계속 시도하며 송 대표님이 지적한 부분을 하나둘 고쳐 드디어 제작 영상이 통과되기 시작했습니다.

그렇게 반년의 세월이 흘러 총 39강짜리 온라인 강의를 만들었어요. 커리큘럼 4개월, 촬영 1개월, 최종 녹화 1개월이 걸렸습니다. 중간에 코로나19에 한 번 감염되어 연기된 것도 있고요. 특히 마지막 녹화 1개월은 사활을 걸었습니다. 그동안 살아오면서 어디 가서 체력이 밀리는 경우는 없었는데 일은 일대로 하면서 일이 끝나면 쉬지도 못하고 계속 조명을 버티며 떠드니 진이 다 빠지더라고요.

살면서 처음으로 병원에 가 수액주사를 맞았습니다. '마늘 주사'라는 수액은 진짜 마늘 엑기스가 든 건 아니고 맞으면 피로가 싹 풀리면서 코와 입에서 마늘 냄새가 나 마늘 주사라는 별명을 가진 링거입니다. 주사 한 번 맞는데 6만 원을 내야 하지만 마늘 주사를 한 방 맞으면 컨디션이 확 살아나 체력 부족으로 소화하기 힘든 스케줄도 약의 힘으로 밀어붙일 수 있었습니다. 의사 선생님은 수액 1회당 효능이 분명히 2~3주는 간다고 말했는데 제가 무리하게 강행군해서인지 1주만 지나도 약효가 다 떨어져 시들시들해졌습니다.

강의 영상 요구 기준이 어찌나 엄격한지 1강부터 39강까지 두 번 이상 재촬영했고 심지어 여섯 번이나 찍었어요. 그렇게 고생고생하며 찍은 영상이지만 이제 막 위탁판매를 시작하는 셀러에게 천군만마와 같은 도움이 되길 바라는 마음에 강의를 무료로 풀자고 제안했는데요. 송 대표님이 돈을 안 받으면 사람들이 열심히 공부를 안 한다며 50만 원에 20강 안으로 영상을 만들라고 했습니다. 그런데 하다 보니 이것도 알려주고 싶고 저것도 알려주고 싶었어요. 내용이 점점 추가되어 40강을 넘어가자 송 대표님은 강의가 너무 많아져도 사람들이 완주하기 힘들다며 브레이크를 걸었습니다.

더 하고 싶은 말은 심화편 강의에 담자는 제안에 강의는 총

39강으로 마무리되었죠. 정가는 49만 9천 원으로 책정되었고 첫 얼리버드를 99,000원에 풀었어요. 2차, 3차 쭉쭉 진행되면서 강의 가격이 점점 올라 마지막 4차에 정가 49만 9천 원이 되는 구조였습니다. 대망의 온라인 강의 판매 첫날! 저는 송 대표님께 강의 파일을 넘기고 쥐죽은 듯 자고 있었습니다.

당시 기억은 불분명하지만 오전 10시쯤 전화가 울렸던 걸로 알고 있습니다. 송 대표님이 전화를 걸어왔어요. 저는 잠들다가 깨 잠긴 목소리로 전화를 받았어요. 대박이 났다는 겁니다. 얼리버드 등록 1시간 만에 천만 원 넘게 들어왔다고요. 너무 현실감 없는 숫자에 저는 '엥? 동영상 강의 파일을 넘긴 지 하루도 안 지났는데

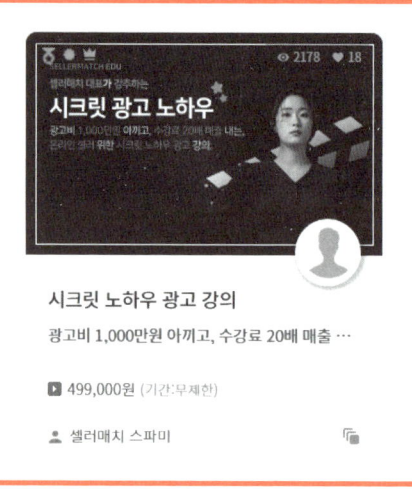

시크릿 노하우 광고

천만 원? 아, 이거 꿈이구나. 나도 참. 얼마나 기대했으면 이런 꿈을 다 꿀까?'라고 생각했습니다. 그래서 "짜릿하네요."라는 한 마디로 대답하고 전화를 끊고 다시 잠들었습니다.

그런데 알고 보니 꿈이 아닌 생시였어요. 강의가 잘 팔려 기분이 좋아진 송 대표님이 나중에 제게 이렇게 말했습니다. "나는 지금 40대 중후반인데 직원을 뽑기 위해 천 명 넘게 면접을 봤지만 네가 일을 가장 잘하는 젊은이다. 이제 22살이니 내 나이가 되면 뭐라도 하나 이루지 않겠느냐?"라며 칭찬해줘 그제야 지난 6개월의 노력이 보답받는 느낌이었어요. 물론 금전적 보상도 함께 말이죠. 1차 얼리버드 가격이 99,000원인데 반나절 만에 제한 수량이 품절! 천만 원 매출이 나왔다는 건 최소 101명이 강의를 구매했다는 뜻입니다. 당시 셀러매치에는 약 2만 명의 회원이 모여 있었는데요. 2만 명의 1%가 200명이니 약 5%가 얼리버드를 구매했다는 계산이 나오네요.

온라인 광고를 전혀 모르시는 사장님을 타깃으로 블로그, 카페, 지식in, 페이스북, 인스타그램, 쇼핑라이브 등 상품을 판매하기 위한 모든 채널 관련 지식과 구체적인 광고 실행 방법, 마케팅 대행사를 현명하게 이용하는 방법까지 꾹꾹 눌러 담자 평판이 매우 좋았습니다.

마케팅 강사 데뷔에 성공하면서 유튜브 '돈 버는 형님들'에 출

시크릿 노하우 온라인 강의

연할 기회도 얻었고요. 지금 이렇게 책을 쓰게 된 것도 셀러매치에서 온라인 강의를 낸 것이 시발점이 되었죠. 최종가격 50만 원은 저렴한 가격이 아니어서 강의만 듣고 끝나는 것이 아니라 지속적인 추가 혜택을 주기 위해 노력했어요.

셀러매치에서 제 강의를 들은 수강생을 오픈 채팅방에 모아 질의응답을 받고 온라인 판매를 하면서 꼭 알아야 할 정보가 들어오면 적극적으로 공유했어요. 또한, 저와 함께 일하는 협력업체 중에서 일을 정말 잘하는 사람이 있으면 협상해 제 수강생에게는 할인가에 서비스를 제공하도록 다리도 놔드렸습니다. 물론 중간에 수수료는 한 푼도 받지 않고요.

예를 들어, 온라인 유통을 할 때 상세 페이지 제작은 필수잖아요? 저와 함께 일하는 스튜디오 대표님이 계시는데 사진 촬영부터 상세 페이지 제작까지 실력이 탁월하십니다. 전문성은 확실한데

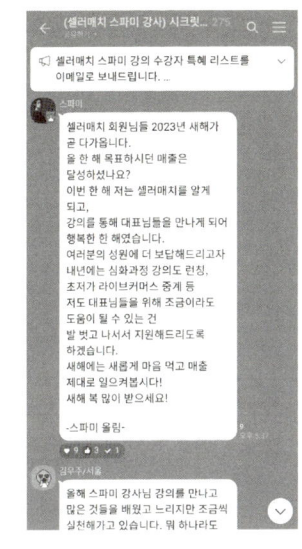

스파미 강사 카톡

영업 체질이 아니어서 매출이 잘 나오지 않았어요. 그래서 촬영과 상세 페이지가 필요하다는 수강생에게 소개해드렸고 지금은 월 천만 원까지 매출이 올랐다고 합니다.

그리고 나서 시작한 일이 제가 먼저 팔아 성과가 난 제품을 수강생과 공유해 함께 팔아보는 실습 과정인데요. 앞에서 소개한 에어바운스로 스타트를 끊었습니다. 강의를 만들면서 저는 강의를 들은 사람이 지식을 알게 된 데 그치지 말고 실제로도 돈을 벌었으면 좋겠다는 마음이 항상 있었어요.

실제로 수강생이 어떻게 돈을 벌게 할 수 있을까? 가장 좋은 방법은 검증된 상품을 제가 코칭하는 대로 팔아 적은 금액이나마 통장에 돈이 입금되는 경험을 시켜주는 것이 좋겠다는, 제 나름의 결론을 내렸습니다. 작은 성공을 맛보고 자신감이 생기면 그때부터는 탄력을 받아 더 열심히 공부하고 물건을 팔아 더 많은 돈을 벌 수 있으니까요.

특히 에어바운스는 렌탈 사업을 시작하려면 최소 1,800만 원이 필요해 진입장벽이 높으면서도 고객이 열광하는 아이템이니 돈 버는 첫 경험을 시켜주기에 적합했습니다. 물론 수강생 모두에게 이 혜택을 줄 수는 없었고 지원자 중 열정이 가장 넘치는 다섯 분을 뽑아 메타버스 플랫폼을 통해 제가 에어바운스를 파는 프로세스를 그대로 가르쳐드렸습니다.

스마트 스토어에 상품을 등록하고 SNS 광고를 하기까지 1주일이 걸렸는데요. 상품이 워낙 좋다 보니 바로 100만 원의 매출을 만드시더군요. 온라인 강의를 통해 배운 내용이 실전에서도 통한다는 사실을 체험하자 확신에 차 노력하는 모습을 보여 이 상품 지원은 앞으로도 해야겠다고 결심했습니다.

사실 창고에 있는 에어바운스 50개를 저 혼자 팔면 한 달에 천만 원이 넘는 돈을 독식할 수 있어요. 그래도 제가 버는 돈의 일부를 포기하면 수강생에게 큰 터닝 포인트를 만들어줄 수 있고 제 곁에 물건을 잘 파는 사람이 많을수록 제게도 돌아오는 것이 분명히

온라인 판매 강의

있다고 생각합니다. 저만한 판매 능력을 가진 10명만 있으면 제가 OEM 상품 하나를 만들어 공급하면 서로 윈윈할 수 있으니까요.

최근에는 클래스유에서 심화 과정 온라인 강의를 런칭했습니다. 온라인 강의하면 떠오르는 플랫폼으로 클래스101과 클래스유가 있죠. 때마침 셀러매치 강의를 찍으면서 클래스유에서 매출 1위를 달성한 스타 강사와 인연이 닿았어요. 솔직히 저도 클래스유에서 강의를 찍고 싶은데 어떻게 하면 되냐고 그분에게 물었어요. 그러자 감사하게도 클래스유의 디렉터를 소개해주셨습니다. 첫 미팅을 가지면서 저는 강력히 주장했어요. 나는 돈을 벌겠다는 의욕이 있는 사람이 내 강의를 듣고 바로 실무를 진행할 수 있는 구체적인 강의를 해주고 싶다. 최근 스마트 스토어로 돈 벌기, 아마존으로 돈 벌기, 쿠팡으로 돈 벌기 등의 강의가 정말 많은데 나는 제조, 유통, 해외 소싱 등 경험의 폭이 넓어 온라인 판매 생태계의 전반적인 사항을 알려줘 수강생 스스로 돈을 벌 자생력을 키워주는 커리큘럼이 가능하다고요.

디렉터님도 제 말을 긍정적으로 검토해주셔서 몇 번의 조율을 거쳐 현재의 강의가 나왔습니다. 그때 셀러매치에서 쌓은 경험이 굉장히 큰 도움이 되었어요. 클래스유도 강사가 직접 동영상 강의를 촬영해 클래스유에 넘겨줘야 하거든요. 맨 처음 시작부터 클래스유 강의를 촬영했다면 이런저런 실수와 아쉬운 점이 많았을 텐데 저는 이미 셀러매치를 통해 지옥 트레이닝을 마친 후여서 전혀 어렵지 않았습니다. 게다가 모든 것을 혼자 했던 지난 번과 달리 동영상 촬영·편집 담당 직원을 한 명 채용했거든요. 편집자의 도움을 받아 촬영하는데 저도 혼자 촬영·편집해본 경험이 있다 보니 카메라 앞에서 더 자연스럽게 말할 수 있었고요. 이 부분에 편집이 필요할 것 같은 포인트가 딱딱 계산되었습니다.

다행히 마늘 주사 맞는 일 없이 47강 촬영을 마쳤습니다. 셀러매치 때는 비슷한 분량을 촬영하는 데 6개월이 걸렸지만 이번에는 2개월 만에 끝냈어요. 정말 어려운 일도 피하지 않고 부딪치면다 노하우가 생기고 그렇게 얻은 노하우는 평생 써먹을 수 있다는 귀중한 교훈을 얻었습니다.

15

상인에서 사업가로!
고졸 사장, 법인 대표가 되다

　프롤로그에서 밝혔듯이 저는 한 가지 꿈이 있었습니다. 학창 시절부터 해외 유학 열망이 있었어요. 저는 중국과 한국에서 물건을 유통하며 돈을 벌었잖아요. 두 나라에서만 물건을 유통해도 돈을 벌 수 있는데 그 무대를 세계로 확장하면 과연 어떨지 항상 호기심이 있었습니다.

　실크로드를 통해 중국과 로마가 비단과 유리 공예품을 유통하고 대항해 시대 유럽과 인도가 향신료 무역을 했듯이 중국과 한국에 한정된 저의 견문을 글로벌 차원으로 넓히고 싶었어요. 그래서 잠시 사업을 내려놓고 해외 유학을 가기 위해 유학원까지 알아보고 있었는데요. 제 진로를 바꿔놓은 사건이 생겼습니다.

　셀러매치에서 성공적으로 온라인 강의를 런칭한 후의 일이었어요. 송 대표님이 셀러매치에 투자해볼 생각이 없느냐고 물었습니다. 이야기를 들어보니 셀러매치를 비롯해 여러 스타트업 기업에 투자하는 투자조합이 있는데 조합원으로 가입해보겠느냐는 제안이었죠. 때마침 강의가 판매되어 정산받은 수익금으로 투자하면 될 것 같아 투자조합 대표인 권 이사님을 만났습니다. 직함이 이사인 이유는 셀러매치 법인의 주식 지분을 갖고 계셨기 때문인데 투자조합을 운영하다 보니 조합원과 함께 셀러매치 외에도 다양한 스타트업 회사에 지분 투자를 하셨다네요.

저는 대행사를 하면서 다양한 사장님을 만났지만 대부분 쇼핑몰 사장님이었거든요. 권 이사님은 벤처 캐피털 출신으로 법인, 스타트업 투자, 시리즈 abc, 비상장 주식투자 등 제가 몰랐던 다양한 이야기를 해주셔서 시간 가는 줄 모르고 흥미롭게 경청했습니다. 때마침 제가 광고 회사를 운영한다고 하자 권 이사님도 제가 말하는 온라인 광고 이야기에 관심을 보이셨어요.

중학교 1학년 때부터 쭉 사업을 해보면서 개인사업자로 할 수 있는 일을 대부분 해본 저로서는 넥스트 스텝으로 법인을 설립해 장사가 아닌 기업을 세워보고 싶은 마음이 있었습니다. 그 방법을 여쭤보자 권 이사님은 법인 설립을 도와주고 여성기업 인증, 벤처기업 인증 등 스타트업 지원을 받아 회사의 성장전략을 짜보자고 하셨습니다. 그 대신 내가 운영하는 투자조합원이 돈을 벌기 위해서는 우리가 투자한 스타트업 회사가 매출이 나고 성장해야 한다. 당신은 온라인 마케팅과 광고 전문가 아니냐. 어떤 사업을 하든 광고는 가장 기본이 되어야 한다. 우리 조합원이 투자한 회사가 성공할 수 있도록 마케팅을 담당해달라고 요청했어요.

나는 권 이사님에게서 법인 설립과 운영을 배우고 권 이사님은 나를 통해 온라인 광고 도움을 받는다. 이해관계가 맞아 떨어져 흔쾌히 수락했습니다. 결국 해외 유학을 가려던 제 계획은 뒤로 연기되었고 법인 키우기 프로젝트를 시작했어요. 권 이사님을 자주 만나 법인과 스타트업에 대해 배우고 저 혼자 관련 책을 사 읽고 유니콘 기업의 인터뷰와 IR 자료도 읽어보면서 어떤 기업을 만들까 꿈을 키웠습니다.

전에 비누샵을 접으면서 비누를 시작으로 스킨케어 화장품을 런칭해 종합 코스메틱 브랜드를 만들고 싶은 꿈이 있었는데 '제조업으로 법인을 만들까? 다양한 아이템을 소싱해 유통업을 할까?' 고민이 많았는데요. 결국 개인사업자로 하던 광고 대행사를 법인으로 시작해보기로 결론내렸어요.

어쩌면 광고 대행사는 제 천성과 가장 잘 맞는 직업 같아요. 저는 세상에 팔아보고 싶은 물건이 너무 많고 해보고 싶은 사업도 너무 많고 항상 새로운 경험을 원하는 성격이어서 아이템 하나를 진득하게 밀어붙이기가 어려워요. 지금까지 16번이나 사업을 벌였으니까요.

　대행사는 직접 사업은 아니지만 다양한 클라이언트를 만나면서 '와, 이런 시장도 있구나!' 매번 새롭거든요. '자, 그럼 이 아이템을 어떻게 팔아볼까?' 작전을 짜고 광고해 물건 파는 게 너무 재미있고요. 이것도 팔아보고 저것도 팔아보고 싶은, 저와 궁합이 가장 잘 맞는 사업인 셈입니다. 법인 형태를 갖춰 제대로 대행사를 시작하기 위해 광고 전문가도 동업자로 끌어들였어요. 전에 함께 일했던 협력업체의 J 실장님인데요. 광고·마케팅만 20년 이상 해오셨고 후임 마케터를 매니지먼트한 경험도 풍부해 제게 부족한 경험과 조직력을 보완해주고 계십니다.

　그렇게 저는 첫 법인인 주식회사 애드에디션을 설립했어요. 권 이사님도 앞으로 저와 오래 도움을 주고받을 생각으로 제 법

인에 지분 투자를 하셔서 같은 배를 탔고요. 현재 애드에디션의 최대 주주는 나, 권 이사님, J 실장님 세 명이 되었습니다. 현재 애드에디션은 서울 지부, 부산 지부 두 군데 사무실이 있고 평소 저는 서울 지부에서 근무하고 J 실장님이 부산 지부를 봐주고 계세요. 부산 직원들과 교류하기 위해 가끔 제가 비행기로 부산으로 갈 때도 있고요.

법인 대표는 개인사업자와 다른 부분이 많았습니다. 저는 간이과세자, 일반과세자, 법인사업자까지 세금을 내는 모든 종류의 사업자를 체험해봤는데요. 간이과세자 때는 세금계산서 발행도 없어서 내가 사장이 맞나 싶을 정도로 직장인과 큰 차이를 못 느꼈어요.

매출액이 늘면서 일반 과세자로 옮겼는데 그때부터는 세금계산서를 챙기고 세금도 더 여러 번 내고 사장으로서 신경쓸 부분도 많아졌습니다. 그러나 개인사업자는 사업으로 번 돈을 내 자유자재로 쓸 수 있어 큰 문제는 없었어요. 그런데 법인사업자가 되자 모든 것이 바뀌었습니다. 법인은 개인사업자와 달리 주식이 발행되고 회사는 주식을 소유한 모두의 것입니다. 사업으로 번 돈은 회사 돈이 되고요. 제가 아무리 CEO여도 회사 돈을 제 마음대로 가져다 쓸 수는 없어요. 사장인 저도 회사에 쌓인 이익금 중 일부를 월급 형태로 받아가야 합니다.

실제로 법인을 낸 후로 제 개인소득은 개인사업자 때의 1/10로 줄었죠. 대신 회사를 성장시켜 매출이 커지면 제가 가진 주식을 통해 배당을 받을 수 있고 주식 가치를 높인 후 매각해 큰돈을 벌 기회도 열려 있어요. 사실 개인사업자로 제조업, 유통업을 계속했다면 매월 3천만 원을 꾸준히 가져갈 수 있었을 겁니다. 과거의 저는 지금 벌 수 있는 돈을 포기하면 언제 그 돈을 다시 벌게 될지 모른다는 불안과 초조감이 있었어요. 그러나 지금은 마음을 바꿨습니다. 지금 당장 눈앞에 보이는 돈에 손을 뻗지 않아도 나는 언제든지 돈을 벌 수 있는 사람이라고요.

제가 가져가는 월급은 예전만 못해도 이익금은 법인에 착착 쌓이고 있습니다. 이것을 기반으로 다음에는 또 어떤 신나는 일을 추진해볼까요? 저는 오늘도 그동안 해보지 않았던 미지의 세계를 향해 도전합니다. 예전과 달리 믿을 수 있는 동업자, 직원과 함께 오늘은 무슨 일이 생길까, 내일은 무엇을 팔아볼까 기대하며 즐겁게 일하고 있어요.

CHAPTER 2

중학생 사장이 말하는 사업가 마인드와 돈의 그릇

01

실행력:
내가 16번 사업을 성공시킬 수 있었던 비결

　이상으로 중학교 1학년생인 제가 의류 중고거래를 시작으로 8년 동안 사업하면서 법인을 만들기까지의 이야기가 끝났습니다. 재미있게 읽으셨나요? 책 중간중간에 16번 사업을 했다고 말했는데 그 목록은 다음과 같습니다.

1. '아름다운 가게' 의류 중고거래

2. 수제 천연 비누 제조

3. 수제 액세서리 제조

4. 연예인 굿즈 노점 유통

5. 쿨팩 · 핫팩 노점 유통

6. 스마트 스토어 문구마켓 유통

7. 온라인 광고 대행사

8. 펫드라이기 중국 OEM 유통

9. 애견용 수제 간식 제조

10. 다양한 식품·생활용품 위탁판매

11. 1688 중국 OEM 유통

12. 종이집 완구 유통

13. 에어바운스 렌탈 사업

14. 떡볶이 밀키트 OEM 유통

15. 곱창 밀키트 OEM 유통

16. 온라인 마케팅 동영상 강의 판매

이 외에도 다양한 시도를 해왔지만 이렇다 할 성과를 올린 것은 총 16번의 사업이었습니다. 제가 중학교 1학년 때 첫 사업을 시작해 8년 동안 16번 사업을 성공시켰다고 말하면 사람들의 반응은 보통 세 가지입니다.

첫째, "에이, 거짓말하지 마세요."
둘째, "부모님이 사업가세요? 금수저를 물고 태어났네!"
셋째, "와, 정말요? 천재인가?"

아시다시피 저는 스티브 잡스, 아인슈타인과 같은 천재도 아니고요. 아버지는 평범한 직장인에 어머니는 가정주부셔서 금수저도 아닐 뿐만 아니라 부모님에게서 사업을 배울 기회도 없었습니다. 모든 것을 스스로 배워 처리해야 했어요. 남들은 다 위험하다면서 말리는 사업을 어떻게 연달아 성공시킬 수 있었는지 저도 생각해봤는데요. 거기에는 실행력, 멘탈, 배우려는 자세 세 가지가 지대한 영향을 미쳤던 것 같습니다.

먼저 실행력에 대해 말하자면 저는 돈을 벌고 싶어서 열심히 일한 적은 없습니다. 항상 제가 하고 싶은 일, 재미있고 즐거운 일을 추구했는데 그게 사업이었을 뿐이죠. 내가 좋아하는 일을 했기 때문에 이걸 더 잘하고 싶었고 더 잘하기 위해 알아야 하거나 필요한 게 생기면 즉시 실행에 옮겼어요. 비누를 만들면서 몰드를 알게 되자 그 길로 방산시장으로 돌격했고요. 동대문을 알게 되자 하루에 1시간밖에 돌아다니지 못해도 매일 시장에 갔습니다.

심지어 저는 친구들이 질색하는 시험 기간이 가장 설렜습니다. 그때는 학교가 일찍 끝나 동대문을 더 오래 탐방할 수 있었거든요. 중간고사, 기말고사를 치는 날에는 잠을 3시간만 자며 벼락치기를 했습니다. 음악, 미술, 체육처럼 15분이면 OMR 카드 마킹이 끝나는 과목은 시험지 뒷장의 여백에 '이번 달 사업 프로모션은 무엇으로 할까?', '앞으로 이런 사업을 해보면 어떨까?', '20대,

30대에는 어떤 사업을 할까?' 자유롭게 상상의 날개를 펴며 아이디어를 스케치했습니다.

오전 11시에 시험이 끝나면 득달같이 동대문으로 달려가 문 닫을 때까지 신나게 시장을 돌아보고 집에서 잠시 눈을 붙이고 다음날 시험을 준비했어요. 심지어 학업 때문에 사업을 하나도 못하는 상황이 되자 자퇴하면서까지 제가 하고 싶은 사업은 모두 실행했습니다. 이 책을 통해 꼭 말하고 싶은 것이 있어요. 저처럼 사업이 아니더라도 여러분도 여러분의 가슴을 뜨겁게 만드는 일을 오늘부터 꼭 실행하셨으면 좋겠습니다.

사람은 마음가짐과 행동에 의해 변화하지만 어느 날 갑자기 하루아침에 새 사람이 되진 않기 때문입니다. 예를 들어, 중학생 때 6등급 성적을 맞던 학생이 고등학생이 된다고 갑자기 1등급이 되진 않죠? 성적이 오르더라도 6등급에서 4등급, 4등급에서 3등급, 3등급에서 2등급으로 점진적으로 변화할 것입니다. 마찬가지로 사람은 사회생활을 하는 성인이 되면 학창시절과는 분명히 다른 사람이 됩니다.

자, 그런데 여러분! 여러분이 만 18살이었다가 생일이 딱 되어 만 19살이 되자 애벌레가 나비로 부화하듯 갑자기 새 사람이 되던가요? 그렇지 않았죠. 대학을 졸업하고 사회 초년생 시절을 거치고 회사에 들어가거나 사업으로 경제활동을 하면서 점진적으로 변하셨을 거예요.

'나는 아직 중학생이잖아. 공부는 고등학생 때부터 하면 돼.'

'나는 아직 고등학생이니까 만 19세 성인이 되면 달라질 거야.'

'20대까지는 인생을 즐기고 놀아야지. 30대가 되면 정말 열심히 살 거야.'

'아직 준비가 부족해. 사업 아이템을 좀 더 가다듬어 경쟁사를 완전히 이길 수 있게 된 다음 본격적으로 창업하자.'

아뇨. 지금 당장 시작해야 합니다! 사람은 갑자기 새 사람이 되지 않고 지금까지 안 하던 행동을 실행하면서 서서히 변화하니까요. 공부도 노력이 쌓이면 점수가 서서히 오르듯이 모든 성과는 오늘 당장 1시간이라도 내 꿈을 실행한 것이 1시간, 10시간, 100시간, 1,000시간, 1만 시간 누적되면서 큰 성과로 나타난다는 것을 느꼈습니다.

완벽한 준비를 갖춘 다음에 시작하려고 하지도 마세요. 일단 실행하면 거기서부터 알게 되는 것이 있고 거기서부터 새롭게 보이는 것이 있고 거기서부터 내가 변화하거든요. 저도 처음부터 법인 사업을 할 수는 없었어요. 중학생이 할 수 있는 사업은 옷을 중고로 거래하거나 비누를 만들어 SNS에 파는 것이 전부였어요. 어쨌든 저는 떠오른 사업 아이템을 '실행'했고 거기서부터 새로운 것들을 배웠고 점점 시간이 흐르자 새로운 사업도 실행할 수 있는 사람으로 '변화'했습니다.

수강생도 그렇지만 친구들도 저처럼 창업하고 싶다고 가끔 찾아오는데요. 친구가 진지해 보이면 저도 사업 코칭을 해줍니다. 일단 동대문에 가 옷이라도 한 벌 사 온라인에서 팔아 7천 원을 벌어보라고 말이죠. 온라인 사업에 작게 도전해 자기 적성에 맞는지 테스트부터 하고 결정하라고 조언해주는데 대부분 시작도 안 하더라고요. 일단 실행하면 뭐라도 달라지는데 왜 안 할까요? 여러 가지 이유가 있겠죠? 제가 직접 물어보고 들은 대답은 다음과 같습니다.

1. 자신감 부족: "내 주제에 사업은 무슨 사업이야?"

2. 승산이 안 보임: "쇼핑몰은 이미 레드오션이잖아? 초보인 내가 기존 경쟁자를 제치고 돈을 벌 수 있다는 확신이 없는데?"

3. 체면: "모두 나더러 사업하지 말라는데 내가 반대를 무릅쓰고 사업하다가 실패하면 남들이 나를 어떻게 생각하겠어?"

4. 두려움: "사업은 위험해. 특히 실패하면 빚 갚는 데 한세월인데 어떻게 감히 도전하겠어?"

5. 편견과 고정관념: "부모님과 어른들이 다른 건 몰라도 사업은 절대로 하지 말라고 하셨어."

그 중 가장 큰 이유는 실패에 대한 두려움이었어요. 저는 실패를 실패라고 생각하지 않았으면 좋겠어요. 제 경험상 실패도 굳이 나누면 좋은 실패와 나쁜 실패가 있거든요. 원래 큰일은 공짜로 이루어지는 법이 없습니다. 적든 많든 '인생 수업 비용'을 치러야 손안에 들어오죠. 내 작은 실수로 소액의 인생 수업료를 내고 교훈을 얻으면 그건 좋은 실패입니다.

반면, 카지노에서 전 재산을 날리는 건 나쁜 실패겠죠. 과도한 수업료를 지불하고도 배운 게 없으니까요. 결국 내가 지불한 것보다 손해가 커야 실패가 됩니다. 저는 사업 하나를 할 때 여러 가지 아이디어를 실행하는데요. 실행 목록에서 리스크가 작은 것부터 실행합니다. 성공하면 어떻게 하면 되는지를 배우고 실패해도 인생 수업 비용을 내고 무엇을 하면 안 되는지 교훈을 얻기에 결과적으로 제가 손해 본 건 아무것도 없어요. 이렇게 생각하면 우리는 실패를 두려워할 이유가 없습니다.

실제로 이런 마인드는 이제 막 온라인 사업을 시작하는 수강생에게 제가 항상 강조하는 내용입니다. 온라인 사업을 가르치면서 어떻게 가르쳐야 수강생이 지식만 늘고 끝나지 않고 실행해 돈을 벌 수 있을지 많이 고민했습니다. 단순히 의욕을 불어넣는 동기부여 멘트만으로는 부족하고 실패해도 실패로 느껴지지 않도록 손해를 보지 않으면서 실무 사이클(Cycle)을 체험하도록 만들어주는 게 가장 효과적이더군요. 제가 수강생들에게 에어바운스 사업 아이템을 나눠주고 제가 판매하는 방식대로 따라 하도록 숙제를 줬듯이 말이죠.

실제로 실행할 수 있는 아이템이 있고 이 아이템을 팔기 위해 내가 무엇을 해야 하는지 명확해지자 온라인과 유통을 전혀 모르던 사람도 실천해 100만 원이 넘는 매출을 올렸어요. 꼭 돈과 사업이 관계없어도 괜찮습니다. 각자의 인생이 있고 추구하는 삶의 가치가 사람마다 다르니까요. 그 가치를 이루기 위해 나는 오늘 무엇을 실행에 옮기고 있는가? 넘어지더라도 내게 손해가 전혀 없는 일부터 실행하면 적은 인생 수업비로 내게 이득이 쌓입니다. 그렇게 계속 실행하다 보면 정말 뭐라도 이루고 내가 원하는 나로 변화할 수 있는 것 같습니다.

02

학습: 비즈니스 정글에서 8년 동안 내가 생존할 수 있었던 동력

　실행 다음으로 중요한 건 학습인데요. 지금까지 보셔서 아시겠지만 저는 사업에 관해 알려주는 가족이나 지인이 없었기에 모든 것을 스스로 배우고 터득해야만 했습니다. 반대로 말해 사업은 천부적인 사업가 체질의 사람만 할 수 있는 게 아니라 어떻게 하면 되는지 배우기만 한다면 저 같은 중학교 1학년생도 작은 사업을 시작할 수 있다는 말이 돼요. 실제로 사업은 학업과 별로 다르지 않다고 봅니다. 학생이 수업을 듣고 문제집을 풀어 국어, 영어, 수학, 사회, 과학 점수를 높이듯 사업에도 똑같은 과목이 있어서 각각 공부하고 실행해 각 과목의 점수를 높이면 누구나 자신의 성적표 레벨에 맞는 사업을 할 수 있다고 생각합니다.

　학업에 국어, 영어, 수학, 사회, 과학, 음악, 미술, 체육이 있듯이 사업에는 상품, 소싱, 마케팅, 세일즈, CS, 세금, 인사관리 등의 과목이 있는 셈이죠. 이 각 영역에서 고득점을 올릴수록 사장으로서의 그릇이 커 큰 사업도 감당해낼 돈의 그릇이 되고요. 평균점수가 낮으면 여러 직원을 거느리는 큰 사업은 힘들어도 디지털 노마드 프리랜서 정도는 충분히 소화해낼 수 있는 겁니다.

저도 아직 성장 중이므로 배움을 삶의 자세로 세팅하고 각 과목의 평균점수를 높이기 위해 인생 수업비를 지불해가며 매일매일 공부하고 있어요. 미팅에서 사람을 만날 때도 그 사람의 장점을 찾아내 제 것으로 만들어 평균점수를 높이려고 노력합니다.

예를 들어, 저를 셀러매치와 연결해준 최 이사님을 만날 때마다 친근하고 푸근하고 유머러스한 부분을 닮으려고 노력하고요. 자주 만나는 거래처 K그룹 고 대표님에게서는 상대방의 말을 경청하면서 자신의 주장을 상대방의 기분이 상하지 않는 선에서 정확히 전달하는 방법을 배우려고 노력해요.

반대로 미팅 자리에서 인상이 나쁘거나 말하는 태도가 불량한 사람도 있습니다. 그런 사람은 타산지석(他山之石) 삼아 내가 왜 그렇게 느꼈는지 원인을 찾아요. 원인을 발견하면 그 요소가 타인도 불쾌감을 느끼는지 생각해보고요. 그럴 것 같으면 혹시 내 언행에는 문제가 없는지 성찰의 시간을 갖습니다.

이런 배움과 실행을 반복하는 사이클은 제가 험난한 비즈니스 정글에서 8년 동안 생존하며 돈을 벌게 해준 최대 자산이에요. 저는 모든 사람에게는 '돈 그릇'이 있다고 믿습니다. 사업에도 과목이 있다고 앞에서 말했죠? 사업을 하다 보면 돈을 계속 다루기 때문에 사업의 평균점수를 높이면 그 사람의 돈 그릇도 점점 넓어진다고 보거든요.

중학교 1학년 시절 사업을 막 시작하던 무렵 제 돈 그릇은 보잘것없었어요. 할아버지께서 주신 적은 용돈을 밑천 삼아 원가가 적게 드는 중고 의류, 비누 사업을 할 수밖에 없었죠. 그러나 사업을 해본 적도 없고 가르쳐주는 선생님도 없었던 저는 이 작은 사업을 성공시키는 데도 정말 새로운 많은 것을 배워야만 했습니다.

중학생 시절 소자본으로 할 수 있는 작은 사업 몇 가지를 성공시키면서 사업 과목의 평균점수를 높이고 돈 그릇을 키웠기에 사업을 하면서 발생하는 자잘한 문제를 처리할 역량을 갖추게 되었어요. 그러자 좀 더 높은 역량과 난이도를 요구하는 다른 사업에도 도전할 수 있게 되었습니다.

실제로 제게 첫 번째 도미노였던 의류 사업을 성공시키자 두 번째 도미노인 비누 사업도 성공시킬 수 있었고 비누 사업을 했기 때문에 훗날 애견용 수제 간식 사업도 할 수 있었으며 동대문 유통을 해봤기 때문에 덕배문구마켓 창업 당시 스마트 스토어에도 빨리 적응할 수 있었고 덕배문구마켓을 해봤기 때문에 광고 대행사에 입사할 수도 있었고 대행사에서 광고를 배워봤기 때문에 위탁판매도 성공시킬 수 있었고 위탁판매를 성공해봤기 때문에 식품 밀키트 OEM 유통도 할 수 있었어요.

    점점 더 큰 도미노를 쓰러뜨리는 과정에서 제 사업 평균점수는 올라갔고 돈 그릇도 점점 넓어졌습니다. 처음에는 아이디어를 실행할 때마다 5만 원, 10만 원 단위로 시험했는데 어느새 100만 원, 200만 원 단위로 더 많은 시험을 할 수 있었고요. 실험 결과가 쌓이면서 어떤 상품이 잘 나가고 어떤 상품이 잘 안 나가는지 저만의 빅데이터가 생겼어요. 빅데이터가 커질수록 실패 확률은 줄고 성공 확률은 높아졌습니다. 그래서 코로나19로 모두 힘들어할 때 에어바운스 사업에 1,800만 원을 과감히 투자할 수 있었어요. 제가 에어바운스 사업을 시작했을 때는 21살이었는데 사실 그 나이에 1,800만 원은 결코 작은 돈이 아니거든요. 하지만 배움을 통해 돈의 그릇을 넓혔고 그동안 쌓아온 성공 빅데이터를 통해 에어바운스가 무조건 성공할 거라는 확신으로 실행할 수 있었던 것 같아요.

    지난 8년 동안 끊임없는 배움으로 평균점수와 돈의 그릇을 넓혔지만 중견기업이나 대기업 경영자와 비교하면 저도 아직 갈 길이 멉니다. 그래서 현재 법인 사업을 통해 새로운 것을 배우고 있고요. 이 배움에도 다 순서가 있는 것 같습니다. 제가 소액으로 할 수 있는 작은 사업부터 차근차근 평균점수를 높여오지 않았다면

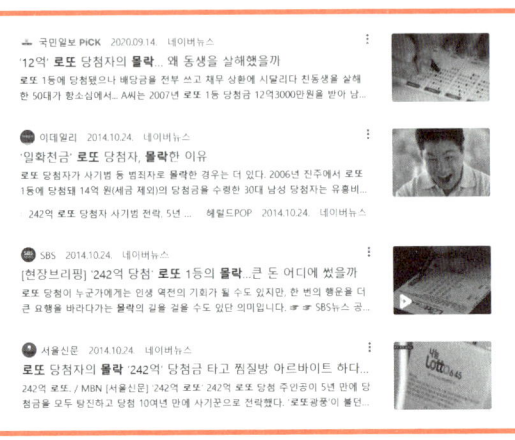

로또 당첨의 비극을 알리는 기사

어떻게 되었을까요? 직장생활을 하다가 갑자기 퇴사한 후 천만 원으로 떡볶이 밀키트 사업을 했다면? 어떻게 팔아야 할지 몰라 돈만 날리고 유통기한이 지나 밀키트는 폐기처분했을 겁니다.

로또에 당첨되었는데도 삶이 불행해졌다는 뉴스를 가끔 접하죠. 1등 당첨금은 평균 20억 원이라고 합니다. 그런데 찾아보니 사업이나 투자를 하다가 신용불량자가 되거나 도박이나 유흥비로 당첨금을 전부 탕진하는 경우가 많았어요. 저는 이게 사업에 대한 평균점수가 낮고 돈의 그릇이 아직 작은 상태에서 감당하지 못할 거금이 갑자기 내 그릇 안에 들어와 잘 관리되지 않았기 때문이라고 생각합니다. 평소 작은 사업을 실행하고 그 안에서 돈을 다루는 방법을 배워 그릇을 넓혀놓았다면 미리 방지할 수 있었던 일이라는 말이죠.

뭐든지 처음부터 잘하는 사람은 없습니다. 정주영 회장이 세운 현대그룹도 처음에는 작은 쌀가게에서 시작했잖아요? 배울 점을 계속 찾으면서 새로운 것을 실행하면 평균점수가 점점 오르고 돈의 그릇도 넓어지고 나만의 성공 빅데이터가 쌓여 큰돈이 들어와도 허무하게 날리지 않고 기회를 붙잡아 대박을 터트릴 수 있을 겁니다.

회사도 이 배움의 마인드를 가지면 훌륭한 트레이닝 센터가 되는 것 같아요. 사람들의 인식 속에는 기본적으로 '회사 = 불행'이라는 공식이 있는 것 같습니다. '회사생활이 너무 스트레스이고 불행해. 오전 9시부터 오후 6시까지는 불행한 시간이야!'라는 생각을 한 번도 안 해본 직장인이 없는 것 같아요. 그런데 남의 일을 하러 간다고 생각하지 말고요. '나를 위해 직장을 다닌다. 회사에서 내 평균점수를 높이고 돈의 그릇을 넓히는 시간이야!'라는 마음가짐으로 일하면 느낌이 새롭거든요. 저는 직장생활을 오래 해보진 않았지만 현재 법인 광고 대행사를 운영하면서 현업에서 사용하는 스킬은 모두 직장에서 배웠어요.

사람을 만날 때 배울 점과 타산지석을 찾듯이 저는 회사를 다니면서도 월급만 받고 만족하진 않았는데요. 평균점수를 올리고 돈의 그릇을 키우기 위해 '이 회사에서 내가 배울 점은 뭘까? 여기서 성장할 기회는 뭘까?' 계속 고민했습니다. 그래서 주도적으로 아이디어를 제시해 캣츠독 펫드라이기 중국 OEM 소싱 프로젝트를 기획해 추진할 수 있었어요. 이 사업을 성공시키면서 저는 리스크 없이 회사자금으로 1688 중국 소싱을 배웠고 애견 시장에 눈떴으며 인스타그램 마케팅을 배워 평균점수를 한 번 더 올릴 수 있었습니다. 그때 경험이 있었기에 애견용 수제 간식 사업도 성공할 수 있었고요.

물론 제가 배움의 마인드를 아무리 가져도 환경과 구조 자체가 아무것도 배울 수 없는 회사도 분명히 있을 겁니다. 그런 회사는 과감히 퇴사하세요. 그곳 아니라도 회사는 많으니까요. 항상 나를 위해 일해야지 내가 배울 것이 없고 평균점수도 못 높이고 돈의 그릇도 못 넓히는데 박봉을 받아가며 남 좋은 일만 해줄 이유는 하나도 없습니다.

03
잔잔한 바다는 노련한 사공을 만들지 않는다

 실행과 배움의 중요성으로 시작해 사업의 평균점수를 높이고 돈의 그릇을 넓혀야 한다는 이야기까지 이어지고 있습니다. 그렇다면 중학교 1학년이 되기 전의 저처럼 아무것도 모르는 무지 상태에서 사업을 시작하려면 어떻게 해야 할까요? 자신도 사업을 해보고 싶다는 친구들에게 일단 동대문 온라인 유통으로 7천 원을 버는 것부터 시작해보라고 조언한다고 앞장에서 말했죠. '적성 테스트' 때문입니다. 저는 사업은 누구나 배우면 웬만하면 할 수 있다고 생각하는데요. 절대로 사업하면 안 되겠다고 생각하는 사람이 가끔 있어요.

 사업을 하다 보면 거래처, 협력업체와 소통해야 하는데 때로는 협상도 하고 상대방이 말도 안 되는 계약 위반을 저지르면 다그치고 내 권리를 주장할 줄도 알아야 하거든요. 그런데 성품이 너무 착해 남에게 싫은 소리 못하는 사람이 있더라고요. 심지어 카페에서 직원에게 음료를 주문하는 것도 낯을 가리는 사람도 있고요. 그 외에도 사업을 하다 보면 직장과는 차원이 다른 스트레스가 오는데 이 사실을 모르고 무턱대고 직장을 그만두고 창업하면 큰 낭패를 당할 수도 있습니다. 저는 사업이 15세기 대항해 시대의 무역상이 되는 것과 같다고 생각하는데요. 이 시기에 배를 띄워 무역으로 황금과 향신료를 가져왔던 무역상은 엄청난 부와 자유를 누렸다네요.

물론 항해는 쉽지만은 않겠죠. 폭풍우가 몰아치는 바다, 범선이 앞으로 나아가기 힘든 무풍지대, 식량 조달, 질병, 암초, 해적들의 습격 등 온갖 시련과 역경을 이겨내야만 했을 거예요. 이것을 이겨낼 적성이 아닌 사람이 돈만 보고 배에 탑승했다면? 배는 이미 육지가 안 보이는 망망대해까지 왔는데 돌아갈 수도 없고 낭패가 따로 없습니다. 그래서 일단 작은 고기잡이 어선이라도 타고 육지가 보이는 위치에서 바다낚시를 해보며 자신이 항해를 해도 될지 안 될지, 무역상을 해도 될지 안 될지 적성 테스트를 해야 한다는 말입니다. 일단 앞바다에서 바다낚시를 해보며 사업을 체험해보고 아닌 것 같으면 헤엄을 쳐서라도 육지로 돌아오면 되니까요. 모두 바다로 나갈 필요는 없습니다. 마을에서 농사짓거나 공무원이 되거나 공방이나 식당을 차려도 충분히 잘 먹고 잘살 수 있어요.

자, 그럼 자신이 항해를 해도 될 사람인지 사업 적성 테스트를 해봐야죠. 저처럼 광고 회사에 취업해 일해보는 것도 좋고요. 이미 본업이 있다면 스마트 스토어로 온라인 부업을 해보길 권합니다. 제가 비누샵을 했던 것처럼 핸드메이드 소품을 만드는 것이 취미라면 자신이 만든 수제품을 스마트 스토어에서 팔아보거나 위탁 판매로 입문하시길 권합니다.

저처럼 연예인 굿즈, 쿨팩을 사입하거나 떡볶이, 곱창 밀키트를 OEM 제조해 판매하는 건 나중에 하세요. 일단 재고 리스크가 없는 위탁판매로 내 사업 평균점수를 높이고 돈의 그릇을 넓히는 것이 우선입니다. 위탁판매는 마진이 적어 많이 팔아도 고생한 것에 비해 가져가는 것이 적다고 느낄 수 있어요. 그런데 이제 막 시작하는 초보자는 위탁판매로 아이템 하나를 파는 것도 실제로 해보면 배워야 할 것이 너무나 많다는 것을 실감하실 겁니다. 통신판매업 신고는 어떻게 하는지, 팔릴 상품을 어떻게 고르는지, 키워드는 어떻게 찾는지, 제품 상세 페이지는 어떻게 만드는지, 스마트 스토어에 상품 등록은 어떻게 하는지, 거래처에 송장은 어떻게 보내는지, CS는 어떻게 하는지 등등 배움에 초점을 맞춰보세요.

위탁판매로 물건을 팔아봤더니 적성에 맞나요? 그렇다면 이제 바다낚시에서 견습 선원으로 판을 키울 때입니다. 위탁상품을 늘리면서 동시에 판매해 번 돈을 차곡차곡 모아 소액으로 광고도 해보고 저렴한 아이템도 사입해 보세요. 돈은 나중에 자신의 OEM 상품으로 크게 남길 수 있으니까요. 처음에는 번 돈으로 새로운 경험을 쌓아 자신만의 성공 빅데이터를 만드는 것이 우선입니다.

아이템의 경우, 제가 1688 중국 소싱을 했을 때처럼 잘 팔릴 효자상품을 전략적으로 소싱하는 것이 맞는데요. 스마트 스토어와 온라인 마케팅 자체가 아직 낯선 초보자는 일단 자신이 좋아하는 상품으로 시작하시길 권합니다. 인터페이스를 익히고 상품이 어떻게 등록되어 팔리는지 한 사이클을 체감한 다음 시작해도 늦지 않거든요.

딱히 팔고 싶은 아이템이 없는 것 같다면 농수산물(특히 제철 과일)로 시작하길 권해요. 제가 고구마, 초당 옥수수를 위탁판매로 어마어마하게 팔았던 이야기를 해드렸죠. 사실 농수산물은 제철이 지나면 팔 수가 없어 올해 많이 팔아도 시즌이 지나면 내년에 0부터 다시 시작해야 한다는 단점이 있습니다. 하지만 일단 먹는 거여서 초보자도 상품을 이해하기 쉽고 지금 아니면 못 먹는다는 한정성이 있으니 잘 팔린다는 장점이 있어요. 이제 막 온라인 판매에 첫걸음을 뗐는데 내가 등록한 상품이 판매가 어려워 안 팔리면 재미가 없거든요. 제철 농수산물 위탁판매는 소싱도 쉽고 판매도 쉽고 마케팅도 쉽고 CS 요청도 들어오기에 온라인 판매의 원 사이클을 체험하면서 경험을 쌓기 딱 좋다고 생각합니다.

앞에서 소개한 혼자먹자 곱창 밀키트를 지금도 저는 OEM 제조해 스마트 스토어에서 유통하고 있는데요. 곱창 밀키트 OEM 사업은 제철 농수산물 위탁판매와 비교하면 상당히 어려운 아이템이에요. 일단 OEM 제조에 비용이 들어갑니다. 식품공장에 밀키트 제작을 의뢰하려면 MOQ라는 최소 주문 수량을 맞춰줘야 하거든요.

예를 들어, 곱창 밀키트 한 개의 공장가가 5,000원이고 MOQ가 1,000이라면 최소 500만 원을 써 밀키트 1,000개를 구입해야 하는 진입장벽이 있습니다. 공산품은 그냥 일반 창고를 쓰면 되는데 밀키트는 상하면 안 되니까 냉동창고를 써야 해요. 식품이어서 식품위생 허가교육도 받아야 하고요. 재고를 떠안는 순간 창고보관 비용이라는 물류비가 발생하므로 최대한 빨리 상품을 팔아야 하거든요. 밀키트의 경우, 유통기한 문제도 있고요. 데드라인 안에 최소 주문 수량 1,000개를 다 못 팔면 상품 폐기비용이 따로 듭니다. 따라서 마케팅과 광고의 역할이 중요해요. 이제 막 시작한 초보자가 위탁판매 없이 바로 곱창 밀키트 OEM 제조를 했다면 손해가 막심하겠죠? 하지만 저는 지금도 곱창 1,000개를 빨리 팔아치우고 공장에 재주문해 냉동창고에 다시 곱창을 재입고시켜 또 판매하면서 마진을 남기고 있습니다. 지난 몇 년 동안 광고 대행과 위탁판매를 하면서 어떻게 마케팅해야 곱창을 잘 팔 수 있는지 성공 빅데이터를 갖고 있기 때문이에요.

　곱창 밀키트는 경쟁이 치열한 만큼 시장규모도 크므로 OEM 제조를 통해 마진률을 높이면 상당히 쏠쏠한 수익을 올릴 수 있습니다. '잔잔한 바다는 노련한 사공을 만들지 못한다'라는 속담이 있듯이 사업은 결국 위험을 무릅쓰고 바다를 건너 황금과 향신료를 가져와야 큰 수익을 낼 수 있습니다. 그러나 그 과정을 서두르지 마시고 비교적 안전한 것부터 차근차근 배워나가면 언젠가는 대체할 수 없는 자신만의 상품과 브랜드로 돈과 자유를 쟁취할 수 있을 겁니다.

04
억대 연봉 쇼핑몰 사장의 상품 공부법

사업을 할지 말지 고민된다면 위탁판매로 '적성 테스트'부터 해보라고 말씀드렸습니다. 무엇부터 팔아야 할지 모르겠다는 분들을 위해 제철 농수산물을 권해드렸고요. 스마트 스토어 위탁판매를 하면서 온라인 사업이 자신의 적성에 맞는 것이 검증되면 그 다음 단계로 나아가야겠죠? 이때부터 빡센 상품 공부를 시작하셔야 합니다. 보통 상품 공부하면 많은 스마트 스토어 강사가 '닥등'을 말하는데요. '닥치고 등록'의 줄임말이죠. 위탁판매 상품을 하루에 한 개씩 3개월 지나 100개를 등록하면 돈이 안 벌리려야 안 벌릴 수가 없다는 뜻입니다.

물론 틀린 말은 아닌데요. 저는 '닥등' 전에 '닥보'를 말하고 싶어요. 짐작하셨다시피 '닥치고 보라'의 줄임말입니다. 닥치고 등록하기 전에 일단 어떤 상품이 잘 나가는지 닥치고 봐둬야 자신도 잘 팔릴 상품을 등록해 효율을 높일 수 있는데요. 실제로 유능한 셀러나 MD들은 1차적으로 미국 아마존의 기획전 상품을 본다네요. 미국에서 가장 잘 나가는 상품이 뭔지 보면서 글로벌 트렌드를 읽는 거죠.

제 생각에 거기까지 상품을 볼 필요는 없는 것 같고요. 이제 막 상품 공부를 시작한다면 ① 주부 커뮤니티의 핫딜 쇼핑 게시판, ② 국내 오픈마켓 핫딜 두 곳만 꾸준히 봐도 충분하다고 생각합니다. 왜냐? 바로 이 두 곳에서 대한민국 어머님들이 좋아하는 상품을 가장 많이 팔기 때문이에요. 아시다시피 대한민국 가정의 경제권은 어머니들이 꽉 쥐고 있습니다. 대부분 카드를 긁는 소비행위는 어머니로부터 비롯되는데요. 그래서 주부를 설득할 수 있는 아이템은 판매량도 높은 편입니다.

우리는 대한민국 어머님들이 어떤 아이템에 열광하는지 알아야 합니다. 계속 '닥보'하면서 어머님들이 어떤 제품을 많이 사고 어떤 제품에 반응하는지 빅데이터를 쌓아야 하는데 아무 기준도 없이 닥등만 하거나 프로그램을 사용해 대량등록하면 인사이트를 얻을 수가 없어요. 일단 닥보를 통해 어머님들이 좋아할 만한 상품을 파악한 후 하나둘 올려보면서 자신의 평균점수와 돈의 그릇을 넓혀나가셔야 합니다.

일단 국내 오픈마켓 핫딜은 지마켓, 쿠팡, 위메프, 11번가, 티몬 등 트렌드 상품을 저렴하게 팔기에 핫딜 뜨는 날을 기다리는 주부들이 많습니다. 이런 오픈마켓들을 즐겨찾기 해두고 주기적으로 핫딜 때 무엇을 파는지 쭉 둘러보면 어떤 상품이 잘 나가는지 많은 힌트를 얻을 수 있어요.

그다음은 주부 커뮤니티인데요. 주부 커뮤니티는 앞장에서 제가 위탁판매 이야기를 할 때도 등장했죠. 많은 주부 커뮤니티가 네이버 카페에 몰려 있습니다. 카페라고 하면 요즘 많은 사람이 인스타그램과 유튜브를 보는데 카페가 무슨 영향력이 있겠냐는 반응이더라고요. 그런데 카페를 무시할 수가 없습니다. 그 대단한 코스트코, 이마트, 홈플러스 등 대형 마트의 매출을 쥐고 흔드는 것이 카페거든요.

대한민국 주부들 사이에서 카페의 영향력이 클 수밖에 없는 이유가 있어요. 결혼해 아이를 낳으면 아이를 잘 키우기 위해 육아 정보가 필요한데 나보다 먼저 아이를 길러본 어머님의 조언이 가장 정확합니다. 그 정보가 온라인에서 가장 많이 모인 곳은 유튜브도 인스타그램도 아닌 카페입니다.

지역 맘카페, 육아 카페에 들어가면 회원 수도 정말 많고요. 육아 정보, 자녀 교육, 지역 맛집, 시댁, 남편, 요리 등등 정말 다양한 주제의 글들이 쏟아집니다. 앞에서도 말씀드렸듯이 카페의 수많은 게시판 중에 어머님들이 저렴한 온라인 쇼핑 초특가 정보를 공유하는 게시판이 있습니다. 바로 핫딜 게시판이죠.

어떤 카페는 이 게시판을 쇼핑 할인 정보방이라고 부르고 어떤 카페는 핫딜방이라고 부르는데 본질은 저렴한 온라인 쇼핑 정보를 공유하는 게시판을 찾으면 된다는 겁니다. 제가 이 게시판을 공략해 많은 상품을 팔아봤는데요. 마케팅뿐만 아니라 상품을 공부할 때도 핫딜 게시판은 정말 유용합니다. 핫딜 게시판에서 조회 수와 댓글 인기 폭발인 상품을 소싱하면 실제로 잘 팔리거든요.

제가 1688 소싱할 때 상품 원가를 계산하는 머니게임에 푹 빠져 새벽에 자는 것도 잊고 동이 틀 때까지 '닥보'에 푹 빠졌다고 했죠. 비슷하게 한때 온라인에서 주부들이 많이 활동하는 커뮤니티라는 커뮤니티는 전부 찾아가 핫딜 게시판을 이 잡듯이 싹싹 뒤집고 다녔던 적도 있습니다.

당시 저는 아직 결혼도 안 한 10대 처자(?)였지만 아줌마가 된 느낌으로, 내 정신세계 안에 아주머니 한 분이 사신다는 감각으로 핫딜 방의 모든 글을 봤어요. 업무를 마치고 저녁에 PC로도 봤지만 학생들이 틈새시간을 활용해 영어 단어를 외우듯 화장실에서, 버스나 지하철에서, 식당에서 밥 나오기 전 등등 틈만 나면 스마트폰으로 핫딜 게시글을 읽었습니다. 그러자 나중에는 뭐가 안 팔리고 뭐가 잘 팔리는 상품인지 저절로 보이더라고요. 나중에는 핫딜 게시판이 보물창고처럼 보였습니다. 아이디어가 안 떠오를 때 핫딜 게시판을 보면서 어떤 상품을 위탁판매로 가져올지, 어떤 상품을 OEM 제조로 유통시킬지 보이거든요.

'닥보'에 이어 상품을 공부하는 두 번째 방법을 알려드릴게요. 어떤 상품이든 상품을 팔려면 소비자가 그 상품에 매력을 느껴야 하거든요. 광고에서는 그것을 '소구점'이라고 합니다. '내 상품은 가격이 착해요!', '내 상품을 사면 당신의 문제가 해결돼요!', '내 상품을 사면 끔찍한 일을 사전에 예방할 수 있어요!' 등등 특장점을 어필해야 하는데요. 이런 소구점을 알아야 사람들이 특정 상품에 반응하는 이유를 파악할 수 있고 나아가 구매 설득을 위한 상세 페이지나 광고 소재를 만들 수 있어요. 익숙한 사람은 핫딜 게시판의 상품을 보면서 소구점이 착착 떠오르지만 초보자는 바로 소구점이 보이지 않습니다. 그래서 제가 직원이나 수강생들에게 연습시키는 것이 바로 '상품에 대한 정량적 분석과 정성적 분석'인데요.

정량과 정성은 한 번쯤 들어보셨을 거예요. 쉽게 말해 객관적이고 수학적으로 깔끔하게 나눠떨어지면 정량, 주관적 평가가 들어가면 정성으로 보면 됩니다. 그래서 상품 하나를 놓고 A4 용지에 이 상품의 정량적 요소는 무엇인지, 정성적 평가는 어떻게 할 수 있는지 쭉 적어보는 거죠. 정량적 요소로는 제품의 가격, 크기, 무게, 구성품, 원산지, 소재, 재질, 사이즈, 색상 등이 있겠죠. 정성적 분석은 제품이 소비자에게 어떤 이익이 되는지 포인트를 찾으면 됩니다.

바로 이해하시도록 떡볶이 밀키트를 예로 보여드릴게요.

■ 정량적 분석

1. 맛: 순한맛, 중간맛, 매운맛, 짜장맛, 로제맛

    → 순한맛은 아이들 간식으로 안성맞춤

    → 성인은 중간맛이 신라면 정도의 맵기로 적당하다.

    → 매운맛은 아주 맵다! 평소 매운 음식에 도전하는 것을 즐기는 분에게 추천

2. 가격: 5,900원(짜장맛, 로제맛은 +1,000원)

3. 추가 옵션: 김말이 튀김 6개(+3,000원), 꼬치어묵 10개(+4,000원)

4. 구성: 생밀떡 300g, 부산 미도어묵(납작어묵) 3장 90g, 특제 분말소스 60g

5. 유통기한: 제조일로부터 냉장 5일, 냉동 30일

6. 포장: 폴리프로필렌, 폴리에틸렌

■ 정성적 분석

1. 주문 즉시 생산으로 당일 새벽에 생산된 밀떡을 넣어 보내줌

    → 떡은 시간이 지날수록 딱딱해지는데 새벽에 갓 만든 밀떡이어서 떡이 딱딱하지 않다.

    → 떡이 신선하고 말랑말랑하며 식감이 탱탱하고 쫄깃쫄깃해 입에 착착 감긴다.

    → 방부제를 따로 쓰지 않아 유통기한은 짧은 편이지만 몸에 유해한 성분이 없다.

2. 질 좋은 부산 미도어묵 사용

    → 품질 낮은 어묵과 달리 생선 비린내가 안 나는 떡볶이

→ 떡볶이 먹을 때 어묵을 빼고 먹는 사람도 맛있게 먹을 수 있다.

3. 가루 분말소스

→ 라면 끓이듯이 누구나 쉽게 떡볶이를 만들 수 있다.

→ 고운 고춧가루로 스프를 만들어 물에 잘 풀리고 텁텁하지 않고 깔끔한 맛이다.

→ 액상이 아닌 가루여서 보관 · 저장이 편하고 일정한 맛을 유지한다.

→ 물을 적게 넣으면 자작한 떡볶이가 되고 물을 많이 넣으면 국물 떡볶이가 된다.

→ 집에서 떡볶이를 해 먹기 어려운 이유는 소스를 맛있게 만드는 것이 어렵기 때문인데 간단히 만들 수 있으면서도 맛이 보장된다.

4. 어린이용 순한맛과 어른용 중간맛

→ 아이는 간식으로, 어른은 술안주나 야식으로

→ 밀키트여서 냉동실에 가득 쟁여놓고 먹을 만큼 냉장실로 옮겨 원할 때 언제든지 간편하게 끓여 먹을 수 있다.

어떤가요? 흔하디 흔한 떡볶이 밀키트인데도 정량적 분석과 정성적 분석을 해놓으니 이 떡볶이를 어떻게 팔면 될지 보이시죠? 로제맛, 짜장맛, 매운맛 등 다양한 맛으로 어필할 수도 있고 아이들 간식으로 좋은 떡볶이라고 어필할 수도 있고 어른들 술안주로 좋은 떡볶이라고 어필할 수도 있고 어묵 비린내가 안 나는 떡볶이라고 어필할 수도 있고 말랑말랑하고 쫄깃쫄깃한 떡볶이라고 어필할 수도 있을 겁니다.

이런 소구점 하나하나가 다 광고 소재가 되거든요. 앞에서 인스타그램 광고를 잠시 언급했는데요. 1회 클릭 비용이 200원 밑으로 나오는 이미지·동영상을 광고해 상품을 많이 팔았다고 했어요. 상품 분석을 마치면 지금처럼 다양한 소구점이 도출되므로 소구점별로 광고 소재를 제작하면 사람들의 반응이 가장 좋으면서 클릭당 비용이 저렴한 소재가 나옵니다.

제품 상세 페이지도 분석해 나온 정성적 요소와 정량적 요소를 무엇부터 보여줄지 순서를 정하고 그 순서대로 스토리보드를 만들면 되겠죠. 스토리보드가 잡히면 그에 따라 필요한 사진을 촬영하면 되고 카피라이팅을 좀 더 다듬어 상세 페이지를 만들면 됩니다.

여러분도 저처럼 오픈마켓 기획전과 카페 핫딜 게시판을 '닥보'하고 어머님들의 열성적인 지지를 받는 상품 하나를 놓고 정량적 분석과 정성적 분석을 해보세요. 분석 결과를 토대로 나라면 이 제품의 상세 페이지를 어떻게 만들 것인지, 광고 소재는 어떻게 만들 것인지 기획도 해보시기 바랍니다. 이 숙제를 더도 말고 덜도 말고 딱 열 번만 해보시면 아무것도 안 했을 때보다 상품을 보는 눈이 월등히 나아진 것을 체감하실 거예요. 이상으로 제가 상품을 공부하는 방법을 말씀드렸습니다.

05
3천만 원을 도둑맞고 깨달은 교토삼굴의 지혜

　사업에서 가장 중요한 것은 배움과 실행을 통해 적은 인생 수업 비용부터 지불하면서 내 평균점수를 높이고 돈의 그릇을 넓히는 것이라고 계속 강조하고 있는데요. 저도 돈의 그릇이 탄탄하지 않을 때 3천만 원이라는 수업비를 낸 적이 있습니다. 아시다시피 고등학교를 자퇴했을 때 두 학원 강사에게 3천만 원을 사기당했죠. 어찌 보면 과거 저의 미숙함이 드러난 치부이지만 제가 사기당한 에피소드를 책에서 자세히 밝힌 데는 이유가 있어요. 3천만 원이라는 수업비를 낸 만큼 그때 저는 인생에서 가장 소중한 교훈을 얻었기 때문입니다.

　작게는 '남에게 의지하면 안 되고 자기 힘으로 가능한 사업을 해야 한다', '대부분 자신의 이익을 최우선시하니 항상 조심하고 내가 원하는 것과 상대방이 원하는 것의 타협점을 찾기 위해 노력해야 한다', '이해관계를 떠나 믿을 수 있는 것은 나를 사랑하는 가족뿐이다' 등 세상 물정을 많이 알게 된 것 같아요.

이런 세상 물정은 사회생활을 시작하면 누구나 언젠가는 알게 되는 것들인데 저는 그걸 일찍 깨달은 것 같습니다. 크게는 돈에 대해 많은 걸 생각하게 되었는데요. 비누, 액세서리 사업으로 한창 돈을 벌었던 중학생 때는 돈에 대한 관념이 발달하지 않았어요. 돈은 그냥 실행하면 벌 수 있다는 선에서 더 이상 생각이 확장되지 않았던 것이죠. 그런데 고등학생 때 있던 돈이 한 번에 사라지는 체험을 하자 돈을 버는 것 못지않게 지키는 것도 중요하다는 진실을 깨달았습니다. 그때부터 내가 번 돈을 잘 관리하고 지킬 방법을 찾기 시작했어요. 처음으로 재테크 공부를 시작한 겁니다.

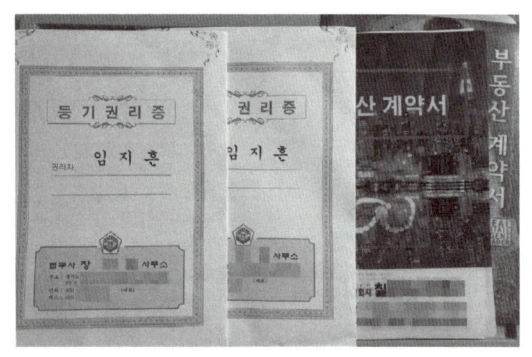

등기권리증과 부동산 계약서

제가 찾아낸 정답은 부동산 상가 투자였습니다. 부자들에 대해 공부해보니 부자들은 현금을 현금 그대로 가지고 있지 않다네요. 현금을 부동산, 주식, 채권, 달러, 엔화, 골드바, 비트코인 등 여러 금융자산으로 분산해 갖고 있더라고요. 돈을 금융자산으로 바꿔둬야 나중에 자신이 산 가격보다 오른 가격에 환금이 가능하고 자산을 여러 갈래로 분산해둬야 경제위기가 닥쳐 특정 자산 가격이 떨어져도 또 다른 특정 자산이 방어해주니까요.

이것도 깊이 들어가면 너무 어렵고 복잡해 저는 부동산 하나로 통일했어요. 부동산은 입지만 잘 선택하면 가격이 잘 내려가지도 않고 천천히 우상향하면서 매월 월세가 나오죠. 게다가 일단 한 번 사두면 주식과 달리 손쉽게 팔 수 없어 돈을 묻어두기 딱 좋다고 생각했어요. 그래서 사업으로 번 돈은 헛되이 낭비하지 않고 차곡차곡 모아 제 꿈을 위해 적금이 아닌 부동산 상가에 돈을 저축했어요.

제게는 세 가지 목표가 있었습니다. 첫째는 저를 길러주신 부모님께 은혜를 갚는 것입니다. 엄청난 부귀영화까지는 아니더라도 돈이 없어 먹고 살 걱정은 없도록 노후 대비를 해드리고 싶었어요. 다행히 이 목표는 중학생 때 비누샵으로 번 돈으로 부모님이 거주하실 아파트를 사드린 것으로 해결했습니다.

두 번째 목표는 아시다시피 해외 유학입니다. 학위도 학위지만 한국을 넘어 세계로 견문을 넓히고 싶었어요. 애드에디션 법인이 아니었으면 지금쯤 유학을 떠났을 겁니다. 유학원까지 알아보다가 법인을 설립할 기회가 온 덕분에 이 목표는 뒤로 미뤄졌어요. 그런데 유학가려고 해도 돈이 필요하니까요. 그 유학자금을 위해 부동산 상가 한 채를 사뒀습니다. 훗날 법인을 매각하거나 다른 사람에게 물려주고 CEO 자리에서 은퇴하면 이 상가를 매각한 돈을 유학자금으로 사용할 계획입니다.

마지막으로 3천만 원을 도둑맞으면서 느낀 점은 인생은 정말 앞으로 어떤 일이 벌어질지 아무도 모른다는 거였어요. 어느 날 제 사업이 한순간에 망하거나 갑자기 교통사고를 당해 병원에서 지내야 하거나 병에 걸릴 수도 있으니까요. 꼭 그런 나쁜 일이 아니더라도 결혼 등 갑자기 돈이 필요할 때가 분명히 생길 거라고 판단했어요. 그때를 대비해 보험으로 상가 한 채를 추가로 매입했습니다.

예금통장

옛 사자성어에 '교토삼굴(狡兎三窟)'이 있습니다. 꾀 많은 토끼는 굴 세 개를 갖고 있다는 뜻이죠. 사냥꾼이 굴 하나를 점거해도 남은 두 개 굴(플랜 B, C)이 있기에 재빨리 달아나 화를 면할 수 있죠. 저도 사업이 망하는 최악의 사태가 닥쳐도 부모님 집으로 피신하거나 해외 유학을 위해 저축해둔 상가를 팔고 유학을 떠나거나 보험용으로 저축해둔 상가를 판 돈으로 사업을 다시 일으키는 굴 세 개를 준비해놓으니 돈을 현명하게 지킬 수 있겠다는 확신에 마음이 편해졌습니다. 언제든지 내가 하고 싶은 일을 할 수 있는 시간을 미리 벌어놓았다는 생각에 든든하기도 하고요.

제가 교토삼굴을 만들기 위해 선택한 방법은 단순합니다. '통장 세 개'로 돈을 관리했어요. 목표로 정한 상가 한 채를 사기 위해서는 2~3억 원의 순자금이 필요했는데요. 사업하는 저라도 3천만 원도 아니고 3억 원을 모아야 한다고 생각하니 '저걸 언제 모으나?' 마음이 꺾이더라고요.

그래서 현재 나와의 거리가 너무나 먼 3억 원 사이에 징검다리를 넣기로 했어요. 먼저 통장 세 개를 만들고 제가 사업으로 번 돈

을 1번 통장에 모두 넣었습니다. 매출이 있으면 당연히 지출도 있겠죠. 상품 소싱, 광고비, 직원 월급, 사무실 월세, 생활비 등이 들어가니까요. 그 지출도 모두 1번 통장에서 처리합니다. 그럼 총매출에서 지출이 다 빠진 순수익이 1번 통장에 남겠죠? 그 순이익이 제가 자유롭게 쓸 수 있는 돈이에요. 이 돈이 100만 원 단위로 찰 때마다 2번 통장으로 옮겼어요. 그리고 2번 통장은 카드도 연결하지 않았고 그저 돈을 보관만 하고 단 한 푼도 쓰지 않았습니다.

제가 사업을 하면 할수록 1번 통장에서 번 순이익이 2번 통장으로 계속 가 2번 통장의 잔액이 계속 늘어가겠죠? 저는 2번 통장에 1억 원이 모이면 그것을 3번 통장으로 옮겼습니다. 3번 통장도 2번 통장과 마찬가지로 소비는 전혀 없이 돈을 보관만 했고요. 이렇게 기계적으로 순이익을 2번 통장, 3번 통장으로 옮기자 어느새 3번 통장에 제가 목표로 잡은 3억 원이 모이더라고요. 그럼 이 3억 원에 은행 융자를 끼고 상가를 매입하고 세입자가 내는 월세에서 은행 대출 이자를 내고 남은 돈은 또 1번 통장으로 보내 순이익을 2번 통장으로, 다시 3번 통장으로 보내기를 반복했습니다.

한 번에 점프해 넘을 수 없는 3억 원의 장벽도 이렇게 중간에 2번 통장, 3번 통장이라는 징검다리를 놓자 어떻게든 넘게 되었습니다. 한 번에 1억 원을 모으라고 하면 갈 길이 너무 멀고 중간에 보상도 없어 쉽게 지치는데 100만 원이 모일 때마다 2번 통장으로 옮기자 성취감이 자주 느껴졌고 100만 원을 몇 번만 더 부으면 1억 원이라는 목표가 보여 더 열심히 할 수 있었던 것 같아요.

여기서 한 가지 짚고 넘어가고 싶은 점이 있습니다. 저는 이 모든 과정을 허리띠를 졸라매고 하진 않았어요. 물론 그렇다고 돈을 펑펑 쓰고 다닌 것도 아니지만요. 흔히 '짠테크'라고 부르죠? 요즘 뉴스를 보면 물가가 올라 MZ 세대가 '무지출 챌린지'를 하고 '거지방'을 만든다더군요.

실제로 친구들의 이야기를 들어보면 숨쉬고 살아가는 데 필요한 최소 비용만 제외하고 한 푼도 안 쓰고 돈을 모으는 짠순이도 있고 제 주변의 대표님 중에도 돈을 벌기 위해 직원들이 다 퇴근하고 나서도 밤늦게까지 일하면서 쉬지도 않고 휴가도 안 가고 금욕적인 삶을 사시는 분들이 계십니다.

불필요한 지출을 줄이고 돈을 더 버는 데 집중하는 것은 물론 올바른 삶의 태도이지만 돈 쓰고 노는 것에 너무 인색하지 않으셨으면 좋겠어요. 저도 과거에 워커홀릭처럼 일한 적이 있는데 당장은 가능한 것 같아도 나중에 꼭 부작용이 왔습니다. 사업을 하면 내 몸이 곧 재산이기 때문에 중간중간에 휴식도 하고 여행도 다녀와 내 몸이 고장나지 않게 하는 편이 장기적으로 손해가 적거든요.

게다가 무엇보다 자신에 대한 보상이 없으면 새로운 경험이 차단당해 '우물 안 개구리'가 되어버리고 맙니다. 저는 새로운 경험이라면 그것이 요즘 핫한 맛집을 찾아가거나 관광 명소를 다니며 노는 것도 소비가 아닌 투자라고 생각하거든요. 제가 새로운 사업 아이템을 구상할 때는 이전에 체험한 경험들이 연결되어 아이디어가 떠오르기 때문이에요.

실제로 에어바운스 사업만 하더라도 예전에 가평 빠지에 놀러 가 수상 놀이기구를 타본 적이 있어서 코로나19 때 떠올릴 수 있었죠. 해외여행을 가 음식과 음료를 먹으면서도 '이걸 밀키트로 한국에 출시하면 어떨까?', 대만 음료 버블티가 한국을 휩쓸었듯이 이 아이템이 한국에서 프랜차이즈화된다면 어떨까?' 재미있는 상상을 해보곤 합니다.

한때 제주도 천혜향을 위탁판매했습니다. 그런데 제주도에 있는 것은 모래 한 줌도 육지로 가져가는 절차가 복잡했어요. 농장 사장님들도 그 시스템을 잘 모르고요. 계속 부딪치면서 그 절차를 배웠는데 나중에 제주도 특산품을 육지에 공급해주는 플랫폼 사업을 해도 되겠다는 생각이 들었습니다. 이것은 전에 중국 1688 소싱을 하면서 1688의 물건을 한국으로 보내주는 대행사를 써본 경험 덕분에 떠오른 아이디어에요. 평소 계곡도 가보고 펜션도 가봐야 내가 관광지 사업을 한다면 어떻게 할 것인지, 숙박업을 한다면 어떻게 할 것인지 생각할 수 있습니다. 가끔 호텔도 가봐야 부유층에게 최고의 서비스를 제공하는 사업을 어떤 식으로 할지

> 경기신문
> 플렉스 지고 무지출 뜬다...MZ세대, 짠테크 열풍
> 플렉스(재력이나 귀중품 등을 과시하는 행위)는 끝났다. 20 30(MZ세대) 젊은 직장인들 사이에서 최근 '무지출 챌린지', '짠테크(짠돌이+재테크)' 열풍...
> 2022. 10. 17.

> 한국사회복지저널
> 무지출, 짠테크 시대... 고물가 극복 마케팅 후끈
> [한국사회복지저널] 지속되는 고금리, 고물가에 낭비를 최소화하고 한 푼이라도 아끼려는 짠테크 소비자들이 늘고 있다. 이들을 겨냥한 고물가 극복...
> 2023. 2. 13.

> 시사캐스트
> [싱글족 재테크] 짠테크 끝판왕.. MZ세대 씁쓸한 현실 '거지방' 가보니...
> (시사캐스트, SISACAST= 이지나 기자) '무지출', '짠테크'로 표방되는 MZ세대 사이에서 하루 총 소비 지출을 공유하는 이른바 '거지방'이 등장해...
> 2023. 4. 24.

> YTN
> [뉴스큐] '플렉스'는 옛말, 이제는 '짠테크'...MZ세대들의 '무지출 챌린지'
> IMF 외환위기 시절, 아나바다 운동 기억하시는 분들 많죠. 아껴쓰고, 나눠쓰고, 바꿔쓰고, 다시 쓰자 그때 그 시절 이후 23년여 만에 최대 물가...
> 2022. 7. 26.

'무지출, 짠테크' 관련 기사들

구상할 수 있죠.

 물이 계속 고이면 썩듯이 사람도 매일 같은 생활 패턴으로 살아가고 같은 사람만 만나고 같은 것만 먹고 같은 것만 체험하면 안에서부터 서서히 죽어가는 것 같아요. 새로운 물이 계속 들어오고 나가야 물줄기가 썩지 않듯이 내가 여유롭게 쓸 수 있는 한도 내에서 돈을 주고 뭔가 새로운 문물을 접하고 새로운 사람과 대화를 나누면서 견문을 넓히는 것이 나중에 반드시 도움이 되는 것 같아요.

 스티브 잡스가 말했듯이 모든 것이 서로 연결되어 있으니까요

내게 휴식을 주자

(Connect the dots). 방금 전에 말한 아이디어가 당장 사업화할 건 아니더라도 모든 아이디어는 결국 내가 지금까지 살면서 경험하고 생각한 것들에서 아웃풋이 나옵니다. 그런데 평소 무지출 챌린지를 하면서 경험과 사고를 넓히지 않으면 내가 낼 수 있는 아웃풋에도 한계가 생겨요.

 마지막으로 제 주변 사람들은 제가 사기를 당한 것에 대해 뒤끝이 없어 보인다고 가끔 말합니다. 지금 와 드는 생각이지만 저는 오히려 사기꾼에게 고맙다는 말을 전하고 싶어요. 그 3천만 원어치 교훈은 앞으로 계속 사업해나갈 제게 꼭 필요한 배움이었습니다. 그리고 굳이 그때가 아니더라도 언젠가는 분명히 비슷한 일을 겪고 비슷한 깨달음을 얻었을 텐데 어찌 보면 10대 후반에 당했기 때문에 3천만 원 선에서 끝날 수 있었다는 생각도 들어요. 이

걸 모르고 있다가 나중에 사기당했다면 훨씬 더 큰 타격을 입었을 텐데 이른 나이에 알게 해줘 고맙다는 생각이 들더라고요. 하지만 그건 그거고 나 이외 사람에게는 사기치고 다니지 않았으면 좋겠다는 말도 함께 전하고 싶습니다.

CHAPTER 3

억대 연봉 쇼핑몰 사장의 비법 노트

01
비즈니스에서 믿을 것은 계약서뿐이다

3장부터는 제가 실제로 사업을 하면서 느꼈던, 비즈니스에서 중요한 요소를 말씀드릴게요. 사업에서 중요한 건 정말 많죠. 여러분은 그게 무엇이라고 생각하시나요? 가끔 제 친구와 수강생에게 이걸 물어보면 아이템과 마케팅이라고 대답하더라고요.

물론 정답이지만 저는 무엇보다 계약서가 가장 중요하다고 생각합니다. 처음에는 저도 사업에 대해 아는 것이 적어 계약서의 중요성을 몰랐는데요. 지금은 무슨 일을 진행하기 전에 무조건 계약서부터 작성합니다.

제 직원 중에 광고주와 소통하는 AE(Account Executive)가 있는데요. AE에게도 일단 광고주가 광고 대행을 맡기면 계약서부터 받아야 하고 계약서를 아직 주고받지 않았다면 그 어떤 광고 대행도 들어가지 말라고 가르치고 있습니다. 이렇게까지 한다는 것은

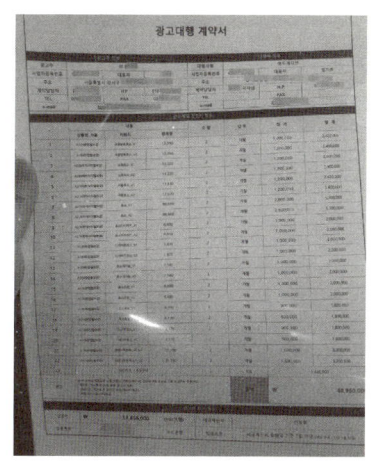

광고대행 계약서

짐작하셨겠지만 과거에 제가 계약서를 안 썼다가 인생 수업비를 호되게 치렀기 때문입니다.

전에 제주도 천혜향을 위탁판매한 적이 있다고 말씀드렸는데요. 원래 제품을 가진 공급자는 자신의 제품을 대신 팔아주는 판매자에게 공급계약서를 작성하고 물건을 넘겨야 합니다. 그래야만 상호 간에 문제가 생겼을 때 계약 내용을 토대로 갈등을 풀어갈 수 있기 때문입니다. 그런데 이 공급계약서를 제대로 작성해주는 업체가 생각보다 몇 군데 없습니다. 처음에는 저도 공급계약서의 중요성을 잘 몰라 계약서를 쓰지도 않은 채 천혜향 위탁판매를 해버렸다가 결국 사건이 터졌죠. 아시다시피 위탁판매는 저 외에도 여러 판매자가 공급자로부터 같은 물건을 받아 각자 온라인에서 팔거든요.

당시 저를 포함해 약 30명의 셀러가 천혜향을 판매하고 있었는데 그중 제가 가장 많이 판매하고 있었습니다. 거의 300만 원 넘게 팔아 위탁업체에 발주를 넣었는데 천혜향이 출고가 안 되는 거였어요. 이건 저뿐만 아니라 다른 위탁판매자도 마찬가지여서 30명이나 되는 커뮤니티에서 왜 출고가 안 되냐며 한바탕 난리가 났습니다.

단순히 택배가 늦어지는 것은 CS 처리를 하면 되지만 스마트 스토어는 물건을 팔았는데 약속된 날짜에 제품 배송이 안 되면 판매자가 페널티를 받거든요. 이 페널티도 어쩌다 한두 번 받는 건 괜찮은데 누적되어 쌓이면 스마트 스토어가 폐쇄될 수도 있습니다. 다른 판매자와 달리 저는 천혜향을 수백 박스 파는 바람에 이 박스가 전부 배송되지 않으면 레드카드를 받아 애써 키운 스마트 스토어가 날아갈지도 모르는 곤경에 빠졌어요. 당연히 마음이 급해진 저는 업체에 전화를 걸어 '제품을 빨리 출고해달라. 배송이 늦어지면 내게 막대한 불이익이 온다.'라며 몇 번이나 목소리를 높였습니다. 그런데 업체에서는 자기네가 현재 사정이 있어 그건 불가능하다며 배짱을 부렸습니다.

머리끝까지 화가 치민 저는 피해자가 나뿐만 아니라 30명이나 되니 경찰에 신고하겠다는 말까지 했는데 신고하고 싶으면 하라는 거였죠. 제품 출고를 안 할 거면 주문 취소하고 고객들에게 돈이라도 돌려주도록 환불이라도 하라고 계속 전화를 걸어 약 2주간의 실랑이 끝에 어떻게든 환불은 받았어요. 다행히 저의 소중한 스마트스토어가 폭파되지 않고 마무리되었지만 자칫 잘못되었다면 스마트스토어를 0부터 새로 키워야 했을지도 모른다고 생각하니 등에 식은땀이 흐르더군요. 사전에 업체와 공급계약서를 썼다면 계약서 조항에 의거해 배송 지연에 대해 법적으로 손해청구를 할 수 있는데 문서 계약 없이 구두로만 계약하고 사업을 진행하는 바람에 이런 상황에 처했을 때 저는 법적으로 아무 대응도 할 수 없었습니다.

사업할 때 계약서가 가장 중요하다고 제가 왜 말씀드리는지 이

영화 〈파운더〉 포스터

해가시죠? 여기서 계약서의 중요성을 더 알고 싶으신 분은 영화 〈파운더〉를 시청해주세요. 모두 아시는 글로벌 프랜차이즈 맥도날드의 탄생을 다룬 영화입니다. 극 중에서 리처드 맥도날드, 모리스 맥도날드 형제는 맥도날드라는 식당을 개업합니다. 최초의 햄버거 패스트푸드 레스토랑이죠.

하루는 맥도날드에서 햄버거를 먹은 믹서기 세일즈맨 레이 크록이 맥도날드의 시스템에 반해 맥도날드 형제에게 미국 전역에 맥도날드 지점을 내는 프랜차이즈 사업 제안을 했습니다. 훗날 레이 크록은 맥도날드 형제와의 계약을 우회해 맥도날드를 부동산 법인으로 바꿔 크게 성공하고 맥도날드 형제는 결국 레이 크록에게 맥도날드 브랜드 자체를 매각하게 됩니다.

여기서 문제의 장면이 등장하는데요. 브랜드를 완전히 매각하는 조건으로 맥도날드 형제는 맥도날드 기업 수익의 1%를 로열티로 요구합니다. 이 요구에 대해 레이 크록은 로열티 조항을 계약서에 넣으면 투자 유치가 힘들어진다는 핑계를 대며 계약서에 로열티 지급을 명시하지 않고 구두로만 약속했어요.

결과는 안 봐도 비디오죠? 계약서에 로열티를 지불한다는 내용이 없으니 법적 소송까지 가더라도 승소할 수 없어 맥도날드 형제는 레이 크록에게서 로열티를 한 푼도 받지 못했어요. 뉴스를 찾아보면 2022년 맥도날드는 한국에서만 9,950억 원의 연매출을 올렸다네요. 글로벌 매출의 1%는 과연 얼마일까요?

    비즈니스에서 믿을 건 계약서밖에 없다고 제가 말씀드린 이유를 아시겠죠? 맥도날드 형제는 계약서 한 장을 잘못 써 3대가 놀고 먹을 수 있는 돈을 못 받았고 저도 계약서를 안 쓰고 위탁판매를 하는 바람에 자칫 스마트 스토어가 폐쇄당하고 그에 대한 보상을 한 푼도 못 받을 뻔했습니다. 여러분이 사업을 시작해보면 이런 계약서 문제가 반드시 생길 거예요. 저와 맥도날드 형제를 떠올리며 불이익을 당하지 않도록 꼭 신경 쓰시기 바래요.

02

레드오션 vs 블루오션 시장규모의 중요성

이번에는 시장규모의 중요성에 대해 말씀드리겠습니다. 제 수강생이 제게 자주 하는 단골 질문이 있는데요. '경쟁이 치열한 대신 시장규모가 큰 레드오션 상품을 소싱하냐? 경쟁은 널널한 대신 시장규모가 작은 블루오션 상품을 소싱하냐?' 많이 궁금하실 텐데요. 마케팅, 경영 서적을 보면 아무도 노리지 않는 블루오션을 독점하라는 내용이 많이 나오잖아요. 하지만 저는 반대로 생각합니다. 블루오션이 블루오션인 데는 다 이유가 있고 레드오션이 레드오션인 데도 다 이유가 있습니다. 즉, 사람들이 안 하는 데는 다 이유가 있고 사람들이 모두 하는 데도 다 이유가 있다는 뜻입니다.

사실 내가 어떻게 마케팅하고 마케팅에 들어가는 리소스를 얼마나 합리적으로 배분하느냐에 따라 블루오션 아이템과 레드오션 아이템 둘 다 써먹을 방법이 있습니다. 그런데 굳이 둘 중 하나만 선택하라면 저는 레드오션 아이템 손을 들어주고 싶어요. 매출 관점에서 볼 때 시장규모는 결코 무시할 수 있는 요소가 아니기 때문입니다.

연관키워드 조회 결과 (1000개)		월건검색수	
전체추가	연관키워드	PC	모바일
추가	식칼	1,100	4,310
추가	도마	7,380	54,100

연관 키워드 조회 결과

제가 시장규모의 중요성을 깨달은 계기가 있습니다. 위탁판매에 한창 열중할 때 도마를 판매한 적이 있는데요. 판매하기 전에 당연히 상품 공부를 했는데 신기한 사실을 발견했습니다. 위 자료는 최근 제가 식칼과 도마의 시장규모를 조사한 건데요. 식칼은 한 달 동안 네이버에서 총 5,410회 검색된 반면, 도마는 61,480회 검색되었습니다.

도마가 식칼보다 11배 더 검색되었죠? 이건 제가 맨 처음 도마를 팔 때도 비슷했습니다. 식칼보다 도마의 시장규모가 항상 더 컸어요. 그래서 도마를 위탁판매하면서도 '도마가 시장성이 있구나. 지금 당장은 아니더라도 언젠가 나만의 도마 브랜드를 런칭해야겠다'라고 생각했습니다. 실제로 현재 도마 OEM 제조 프로젝트를 추진 중인데요. 물론 시장규모만 보고 도마 브랜드를 만들 생각은 아닙니다. 앞에서 상품 공부와 관련해 정량적 분석과 정성적 분석을 보여드렸죠? 도마도 상품 공부를 하다 보니 명확한 소구점이 있었어요.

    많은 가정에서 보통 나무 도마를 씁니다. 도마가 식칼보다 딱딱하면 재료를 썰면서 식칼이 도마에 부딪힐 때마다 식칼이 상한다네요. 그런데 나무 도마를 쓰면 식칼은 상하지 않지만 도마가 상한다고 해요. 칼이 도마에 내리 찍힐 때마다 당연히 나무 표면에 흠집이 나겠죠. 이렇게 칼자국이 계속 쌓이면 도마에 미세한 틈이 생기는데요. 이 틈새로 곰팡이가 끼어 도마가 점점 썩어 변색된다고 해요. 그 세균 위에 야채, 고기, 생선을 올려놓고 쓰니 위생상 당연히 좋을 리 없겠죠. 주방세제로 씻으면 살균은 되지만 나무 소재의 특성상 계속 물이 묻으면 틈새에서 곰팡이가 피는 것을 완전히 막을 수는 없더라고요.

    한때 나무 도마의 위생 문제가 방송을 탄 적이 있는데요. '이거다!'라는 생각에 주부 커뮤니티에 방송 영상과 뉴스 기사를 인용해 도마의 실태에 대한 글을 썼어요. '곰팡이 때문에 위생이 불결한 나무 도마 대신 스테인리스 도마를 써야 한다. '도마냐 식칼이냐' 문제에서 모두 식칼 갈기가 번거로워 나무 도마를 사용해 도마를 죽이고 식칼을 살리는데 차라리 도마를 살리고 식칼을 갈아 주는 게 낫다. 곰팡이로 변색된 도마에서 썬 야채, 고기, 생선이 남편과 아이들 입으로 들어가는 것은 그냥 넘길 문제가 아니다.'

MBC 도마 소독 뉴스

이런 내용으로 글을 쓰면서 제가 위탁판매하는 스테인리스 도마를 소개했어요. 그 글은 엄청난 반응을 불러일으켜 불과 몇 시간 만에 500만 원의 매출을 올렸습니다. 도마를 구입한 주부들은 그 덕분에 건강한 도마로 바꿨다며 감사의 댓글까지 달았습니다. 도마를 팔아치운 후 도마에 대해 다시 생각해보니 정말 묘한 사업 아이템이더군요. 도마는 베개처럼 가정마다 하나씩은 다 있는 상품입니다. 잠잘 때 베개를 안 베고 자는 사람은 없듯이 요리할 때 도마를 안 쓰는 집은 없어요. 그런데 이렇게 매일 사용하는 베개와 도마가 우리 건강에 얼마나 중요한지 생각해보는 사람이 없습니다.

평소 우리가 공기의 소중함을 모르는 것과 같다고 할까요? 저렴한 의자를 쓰면 허리가 망가진다며 비싼 의자를 쓰면서 정작 매일 사용하는 베개와 도마가 중요하다는 인식이 결여되었더라고요. 이런 상품이 시장규모는 있으면서 인식을 전환시키는 콘텐츠를 만들면 사람들의 뜨거운 반응을 끌어낼 수 있거든요. 그래서 위탁과 사업을 넘어 도마 OEM 제조를 결심했던 겁니다. 빌 게이츠가 각 가정에 컴퓨터를 한 대씩 보급하겠다는 계획을 세웠듯이 우리나라 각 가정에 있는 나무 도마를 양질의 스테인리스 도마로 바꿔주기만 해도 엄청난 돈을 벌 수 있겠다는 비전이 보였거든요.

이처럼 상품을 계속 공부하고 실전에서 판매하다 보면 제가 밀키트, 에어바운스, 도마를 만난 것처럼 여러분도 운명의 상품을 만날 수 있습니다. 위탁판매, 사입도 아깝고 무조건 OEM 제조라는 확신을 심어주는 제품 말이죠. 그 운명의 제품은 시장규모가 크면서 경쟁자들이 아직 개척하지 못한 영역인 상품 카테고리에서 발견될 확률이 높습니다.

특히 생활용품과 식품은 필수! 아시다시피 생활용품과 식품은 시장규모가 가장 큰 카테고리입니다. 많이 팔릴 뿐만 아니라 재구매도 활발하죠. 인간의 삶은 생활용품과 식품 없이는 성립할 수 없어요. 옷은 덜 예쁜 옷을 입더라도 집에 생필품이 떨어지면 채워야 하고 밥은 계속 먹어야 합니다. 그래서 비록 레드오션이지만 저는 어떻게든 이 생활용품 시장과 식품 시장에 사업기반의 뿌리를 내리기 위해 지금도 떡볶이, 곱창, 도마, 커피, 리빙용품 등을 OEM 제조하고 있습니다.

제가 곱창 밀키트를 판다고 말하면 경쟁이 이렇게 치열한데 어떻게 파느냐고 지인들이 흔히 묻는데요. 틀린 말은 아닙니다. 다음 자료는 네이버에서 곱창을 가장 많이 판매하는 업체를 1등부터 정렬한 사진이에요. 1등 업체가 리뷰 16만 5,277건, 2등 업

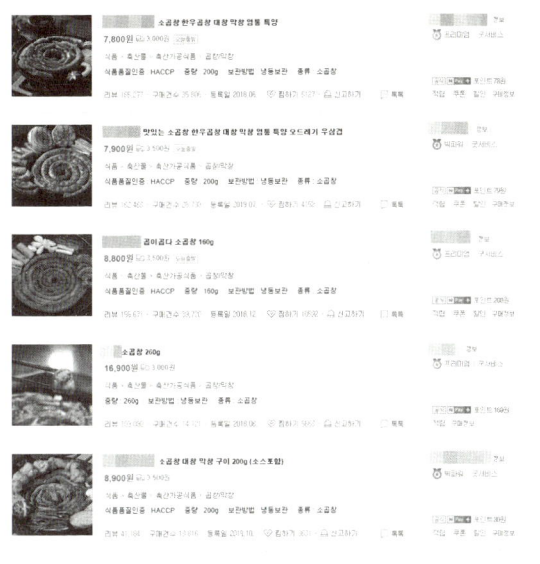

곱창 구매건수 순위

체가 16만 2,463건, 3등 업체가 15만 6,671건, 4등 업체가 10만 3,080건, 5등 업체가 4만 1,184건입니다. 이걸 경쟁이 치열하다고 볼 수도 있지만 바꿔 말하면 '곱창을 좋아하는 사람이 이렇게도 많다! 시장규모가 엄청나다! 저 안에서 1%만 팔아도 나는 부자다!'라고 볼 수도 있는 겁니다. 3천만 원 규모의 시장에서 1위를 차지해 3천만 원을 먹는 것보다 1조 원 시장에서 1%를 먹어 100억 원을 버는 것이 훨씬 이득이니까요.

상품 공부를 계속하면 1등 업체의 판매량도 대충 계산되는데요. 리뷰 옆에 구매 건수가 있지만 구매 건수는 주기적으로 초기화되므로 참고할 수 없습니다. 대신 리뷰 수는 초기화되지 않고 꾸준히 쌓이는데요. 소비자는 보통 열 명 중 한 명꼴로 리뷰를 작성합니다. 그럼 1등 업체는 곱창을 최소 160만 개 팔아 124억 8천만 원의 매출을 올렸다고 볼 수 있겠죠. 그리고 1~4등 업체의 리뷰 수는 별 차이가 안 납니다. 실제로 저는 곱창 밀키트를 판매하기 때문에 곱창 시장을 쭉 모니터링해왔잖아요. 독보적인 상위 판매자가 있는 가운데서도 신생업체가 리뷰 수 10만 개를 금방 쌓으며 따라잡는 모습을 봐왔어요. "경쟁자가 많은 레드오션이라서 안 돼!"가 아니라 "판매량이 검증된 시장규모가 큰 시장이야!"라는 마인드로 바꿔야 합니다.

이렇게 중요한 생활용품과 식품 시장. 현재는 수강생들을 대상으로 식품공장 투어를 기획하고 있습니다. 제가 대구의 식품협회와 인연이 있어서 식품 OEM 제조를 하고 싶어 하는 분들을 위해 식품공장 단지와 다리를 놔줄 수 있거든요. 공장 담당자와 소통하고 공급계약서 작성까지 코칭해 뜻있는 수강생이라면 누구나 밀키트 창업을 할 수 있는 인프라를 만드는 것이 목표입니다.

03
프로모션과 CS로 알아보는 고객 커뮤니케이션

시장규모만 보고 상품을 고를 때 사람들이 가장 많이 고민하는 것은 차별화입니다. 레드오션에서 소비자의 선택을 받으려면 차별화되어야 하는데 OEM 제조를 해도 마땅한 차별화를 만들기 힘든데 시장규모만 보고 뛰어들어야 하느냐는 건데요. 잘 보시면 지금까지 제가 성공시킨 사업 아이템 중 혁신적인 아이템은 단 하나도 없었습니다. 흔한 중고 의류, 누구나 파는 수제 천연 비누, 동대문에 가면 흔히 볼 수 있는 액세서리, 연예인 굿즈, 쿨팩, 문구, 광고 상품, 애견 드라이기, 애견 간식, 저가 네일아트, 완구, 밀키트 등 세상에 이미 다 있던 상품들이 대부분이죠.

심지어 품질만 따지면 경쟁사 상품이 비슷한 가격대에 품질이 더 뛰어날 때도 있었는데요. 그런데도 승승장구할 수 있었던 비결은 제가 프로모션과 CS의 차별화로 경쟁사보다 고객 커뮤니케이션에서 앞서나갔기 때문입니다. 그 명분이 있었기에 고객은 경쟁사 상품이 아닌 제 상품을 선택해줬고요. 이 고객 커뮤니케이션이야말로 품질로 차별화가 크게 안 되는 상품을 특별하게 만드는 효과적인 방법입니다.

여러분 혹시 자포스(Zappos)라는 회사를 들어보셨나요? 자포스는 1999년 신발 쇼핑몰로 시작한 회사입니다. 2009년 아마존은 자포스를 12억 달러에 인수해 대중적인 명성을 얻었는데요. 제프 베조스는 한화 약 1,553억 4천만 원을 왜 신발 쇼핑몰에 썼을까요? 판매하는 신발이 특별했기 때문은 아닙니다. 자포스는 다른 신발 쇼핑몰과 똑같이 공장에서 제조되는 신발을 유통하니까요. 자포스만의 특별한 점은 고객 커뮤니케이션 문화에 있었어요. 모든 회사가 콜센터를 형식적으로 운영할 때 자포스는 콜센터에 사활을 걸었다고 합니다.

자포스의 콜센터에는 정해진 스크립트가 없다네요. 고객센터에 전화한 손님에게 최대 행복을 선물한다는 큰 지침 하에 콜센터 직원이 자유롭게 응대하며 무제한 소통을 한다는데요. 누군가 자포스에 전화해 신발 판매와 전혀 상관없는 일상 이야기를 하더라도 전화를 끊지 않고 함께 수다를 떨어준다고 합니다.

하루는 고객이 신발을 반품 신청했습니다. 자포스 콜센터 직원이 반품 사유를 묻자 고객은 어머니 선물로 신발을 사드렸는데 어머니의 병세가 악화되어 돌아가시는 바람에 신을 사람이 없어졌다고 했습니다. 그러자 콜센터 직원은 반품 처리는 물론 나아가 고객에게 꽃다발과 위로의 메시지를 전하는 카드를 택배로 보냈습니다. 이에 감동한 소비자는 이 사연을 자신의 SNS 계정에 공유했고 이 스토리가 무수한 공유를 받으며 많은 사람에게 자포스라는 브랜드를 알렸다네요. 아마존은 12억 달러로 신발 쇼핑몰이 아닌 자포스의 커뮤니케이션 문화를 구입한 겁니다.

자포스가 콜센터를 중시하게 된 이유는 자포스 창업자 토니 셰이의 철학에서 비롯되었다고 합니다. 고객과 통화하는 시간은 고객이 만사 제치고 오직 자포스에만 몰입하는 시간이라는 거죠. 이 시간에 콜센터에 대한 만족도를 극대화하면 충성고객이 늘어나고 충성고객이 늘어나면 광고비를 따로 쓰지 않아도 고객이 신발을 살 일이 있으면 자포스에서 사라며 주변 지인을 알아서 끌어오는 선순환이 일어난다고 합니다.

제가 미국인이라면 저라도 자포스에서 신발을 사고 싶을 것 같아요. 여러분은 어떻게 생각하시나요? 실제로 자포스에서 신발을 구매하는 사람의 75%는 재구매 고객이라고 합니다. 이 재구매율은 정말 모든 쇼핑몰 사장님들이 바라는 꿈의 수치인데요. 여기서 제가 하고 싶은 말은 오늘부터 당장 자포스를 흉내내라는 말이 아닙니다. 자포스와 방식은 다르더라도 프로모션과 CS에 내 브랜드와 고객이 쌍방향 소통이 되는 고객 커뮤니케이션 요소를 도입해야 한다는 것입니다. 예를 들어, 저는 비누샵을 할 때 신상을 매주 만들었습니다. 그래야만 고객이 '이 비누샵은 매주 새로운 디자인이 나와. 이번 주에는 어떤 비누가 출시될까?'라는 기대감에 비누를 살 일이 없어도 제 비누샵에 다시 찾아오거든요.

애견용 수제 간식 사업을 할 때는 활발한 데이 마케팅을 했습니다. 새해, 설날, 발렌타인데이, 화이트데이, 국제 강아지의 날, 만우절, 어린이날, 어버이날, 스승의 날, 광복절, 추석, 크리스마스 등 매년 반복되는 기념일마다 독특한 이벤트 프로모션을 개최했어요. 그래야만 고객이 '여기는 기념일 때마다 항상 신기한 이벤트를 해. 작년 5월에는 개린이날 이벤트를 했는데 올해는 어떤 이벤트를 할까?'라는 기대감과 호기심에 애견 간식 여분이 집에 남아 있어도 제 쇼핑몰을 다시 찾아오거든요.

해피즈 종이집 사업을 할 때 키즈모델 이벤트를 열고 '과자의 집'과 우주선 만들기 이벤트를 연 것도 다 비슷한 맥락입니다. 저는 여러분이 스마트 스토어로 어떤 물건을 팔더라도 내 타깃 고객이 가장 많이 모인 SNS 계정에 회사 공식 브랜드 계정을 만들어 고객과 소통하라고 말씀드리고 싶어요.

잠시 상상 게임을 해볼까요? 품질이 비슷한 비누를 판매하는 세 업체 A, B, C가 있다고 가정해봐요. A는 쇼핑몰에 비누 몇 종류를 등록하고 아무 활동도 안 해요. B는 기본적으로 A와 똑같이 하는데 간간이 신상 비누가 올라옵니다. C는 주기적으로 신상을 내며 기념일마다 1+1 이벤트, 가격할인 이벤트, 사은품 행사, 친구 소환 이벤트, 룰렛 이벤트 등을 개최합니다. C는 신상이 나올 때마다 이 신상이 나오게 된 이유, 비하인드 스토리를 담은 카드뉴스를 공식 SNS 브랜드 계정에 올려요. 3월 봄맞이 이벤트에 벚꽃을 형상화한 벚꽃 비누를 만든 이야기, 5월 어버이날 이벤트에 카네이션을 형상화한 카네이션 비누를 만든 이야기 말입니다.

브랜드 계정에는 행사, 이벤트 관련 소식도 업로드됩니다. 1+1 이벤트나 20% 할인 이벤트 등 단순하고 일방향적인 프로모션도 있지만 어떨 때는 고객도 참여해 쌍방향 커뮤니케이션 이벤트도 개최하는데요. 3월 23일 국제 강아지의 날에는 반려견 사진을 찍어 보내주면 반려견과 똑같은 비누를 만들어주는 거예요.

자, 비누 품질은 A, B, C 세 업체 모두 비슷합니다. 여러분은 어느 업체에서 비누를 사고 싶으세요? 대부분 C를 고르실 거예요. 이것이 바로 제가 경쟁사와 비슷한 품질의 상품을 팔면서도 억대 매출의 쇼핑몰을 만든 비결입니다. 식당은 '단골 장사'라고 흔히 말하죠? 온라인 쇼핑몰도 똑같습니다.

A처럼 쇼핑몰을 운영한다면 A 비누의 품질이 마음에 든 소수의 단골이 생길 거예요. B처럼 쇼핑몰을 운영한다면 제품이 마음

에 든 단골과 간간이 신상을 구경하러 올 거예요. C처럼 쇼핑몰을 운영한다면 전에 구매한 비누가 다 떨어져서 오는 팬, 전에 신청한 이벤트에 당첨되었는지 궁금해 찾아오는 팬, 신상에 얽힌 이야기가 궁금해 오는 팬, 새로운 혜택이 궁금해 오는 팬, 이번 주에는 어떤 재미있는 콘텐츠와 이벤트가 있는지 궁금해 오는 팬으로 문전성시를 이룰 겁니다.

요즘처럼 OEM 제조를 하더라도 품질로 압도적인 초격차를 벌릴 수 없는 세상에서는 고객 커뮤니케이션이야말로 최선의 차별화 전략입니다. 그 고객과의 접점은 우리가 프로모션을 할 때와 CS를 받을 때 생기고요. 프로모션은 가격을 깎아주는 것, CS는 블랙 컨슈머 상대하는 일이라고 흔히 생각하는데 자포스가 CS를 고객이 온전히 내게 집중하는 시간으로 생각했듯이 우리는 프로모션과 CS가 고객 커뮤니케이션이라고 인식을 전환해야 합니다. 그래서 저는 프로모션을 할 때 1+1, 할인 혜택을 주는 일방향 이벤트

고객 커뮤니케이션

도 물론 진행했지만 여건이 되는 한, 고객도 참여하는 쌍방향 이벤트를 만들려고 노력했어요. CS를 할 때도 기본적으로 매뉴얼에 따라 교환, 반품, 환불을 해드렸지만 쌍방향 커뮤니케이션을 하려고 노력했습니다.

제가 비누샵을 할 때 상품 주문과 CS를 카카오톡으로 받았는데요. 비누는 안 사고 오늘 자기에게 무슨 일이 있었다며 매일 카카오톡을 보내는 중학생 손님이 있었어요. '오늘 점심으로 ○○을 먹었다, 오늘 어머니와 아버지가 싸웠다, 오늘 학교에서 친구와 싸웠는데…' 등등. 저는 이 친구가 귀여워 그냥 이야기를 들어주며 함께 수다를 떨어줬습니다. 그러던 어느 날 비누가 필요했는지 비누를 구매하셨어요.

또 특별히 기억나는 손님이 있습니다. 제가 만드는 비누를 수집하는 컬렉터 고객이셨죠. 세상에는 취미로 동전을 연도별로 수집하는 사람, 우표를 모으는 사람이 있죠. 이분은 비슷하게 제 신상 비누를 모으는 취미를 가진 컬렉터였는데요. 매주 만드는 제 신상 비누를 거의 매주 구매하셨던 분이에요. 나중에는 그렇게 모은 비누를 서랍 가득 채워 제 카카오톡으로 인증샷을 보내주기도 하셨습니다.

그러던 어느 날 이분이 비누를 한 번에 50개를 사신 겁니다. 저는 깜짝 놀라 '아니, 평소처럼 신상을 조금씩 모으시지 왜 한 번에 이렇게 많이 구매하셨어요?'라고 카카오톡을 보냈어요. 그러자 그분은 곧 유학을 가는데 유학 가면 정말 좋아하는 예쁜 비누를 못 사니까 50개를 사 해외에서 두고두고 쓰겠다는 거였어요.

더 감동인 것은 당분간 한국으로 못 돌아올 것 같은데 한국에 사는 친척에게 부탁해 신상 비누를 구매하겠다고 약속하셨고 실제로 나중에 그 약속을 지켰다는 겁니다. 사실 회사가 어느 정도 커지면 이렇게 인간 대 인간으로 마주 보는 CS를 하기 힘들어집니다. 상품이 많이 판매될수록 CS도 늘어나고 CS가 밀리지 않도록 빠르게 매뉴얼대로 응대해야 하거든요. 한 건 한 건을 빨리 해결하지 않으면 그만큼 뒷사람이 기다리니 최대한 빨리 속전속결해야 합니다. 그래서 CS를 전화로 하시길 권해요. 저는 스마트 스토어에 댓글이 달리더라도 답글로 응대하지 않고 바로 전화를 겁니다. 그 자리에서 바로 고객의 상황과 원하는 것을 듣고 빨리 문제를 해결해줄 수 있으니까요. 우리 측에서 잘못이 있으면 그 부분은 빨리 사죄하고 CS 정책에 맞춰 교환·반품 처리를 해주면 됩니다.

매출 규모가 크지 않아 한 건 한 건 진심으로 응대할 수 있을 때는 자포스와 같은 구멍가게 마인드로 고객을 응대하는 것이 중요한 것 같아요. 실제로 공동구매로 큰 수익을 올리는 인스타그램 인플루언서도 비슷하게 팔로워와 친목을 다지기도 하고요. '스토리 무엇이든 물어보세요'를 통해 팔로워들의 고민 상담도 해주고 연애 상담도 해주고 수다도 떨면서 팬층을 만들거든요.

쇼호스트들도 라이브 커머스를 할 때 1시간 내내 상품 설명만 하는 게 아니라 채팅창을 보면서 고객과 세상 돌아가는 이야기를 나누고 쌍방향 소통을 하며 제품의 장점을 어필하는 모습을 볼 수 있습니다. 그렇다고 모든 고객의 이야기를 다 들어줄 수는 없는데요. 제 경험상 손님 100명이 오면 90%는 합리적인데 약 10%는 진상을 부리는 블랙 컨슈머입니다. 전에 1인 기업을 할 때 블랙 컨슈머 한 명에게 잘못 걸려 사흘 동안 CS에 시달린 적이 있어요.

1인 기업은 가뜩이나 할 일이 많은데 CS에 질질 끌려다니면 더 중요한 일을 못 하게 됩니다. 블랙 컨슈머의 주 목적은 환불을 받아내는 것이니 환불 정책에 어긋나지만 않으면 빨리 환불하면 됩니다. 반품 처리를 진행해드리겠다는데도 제품 수거에 협조를 안 해주고 배송비 부담도 안 하겠다는 고객이 가끔 있습니다. 원래 제품을 수거해 하자가 있는지 확인하고 고객이 주장한 이상이 발견되면 돈을 돌려드리는 것이 원칙이므로 이 원칙을 안 따르고 돈만 돌려달라는 건 있을 수 없어요. 이렇게 기본적인 원칙도 안 따르는 고객에게는 강경할 필요도 있습니다.

프로모션과 CS는 여러분이 사업을 한다면 반드시 해야 하는 필수 과목이에요. 그런데 이 필수 과목을 얼마나 잘하느냐에 따라 경쟁사와 비슷한 상품도 잘 파느냐 못 파느냐가 갈립니다. 프로모션을 단순히 할인으로만 보시지 말고 CS를 단순히 매뉴얼 응대로만 보시지 말고요. 고객과의 쌍방향 커뮤니케이션이라는 핵심을 기억하시고 손님들로 문전성시를 이루는 쇼핑몰을 만드셨으면 좋겠어요.

04
디지털 노마드로 직장인 연봉 벌기, 과연 가능할까?

'디지털 노마드'라는 용어를 한 번쯤 들어보셨죠? 1997년 프랑스 경제학자 자크 아탈리가 제창한 용어입니다. 전통적인 직장인은 오전 9시까지 사무실에 출근해 오후 6시에 퇴근하는 것이 당연했죠. 디지털 노마드는 시·공간의 제약 없이 노트북과 스마트폰만으로 원하는 시간, 원할 때 일하면서 돈을 버는 새로운 근무 형태입니다. 용어 그대로 디지털 유목민인 셈이죠.

MZ 세대는 몰라도 '9 to 6'에 익숙한 기성세대는 디지털 노마드 자체를 말이 안 된다고 생각했어요. 그런데 코로나19로 인해 많은 기업이 원격근무제를 도입하면서 이제는 디지털 노마드가 대중적으로 많이 받아들이는 추세 같아요. 저는 디지털 노마드에 대해 긍정적입니다. 중학생 시절부터 디지털 노마드를 했기 때문입니다. 일단 첫 사업부터 사업과 학업을 병행했으니까요. 중고 의류 거래를 할 때는 학교가 끝나고 나서야 사업을 했지만 비누샵을 할 때는 학교에서도 휴식시간에 틈틈이 카카오 스토리에 새 글을 올리고 카카오톡으로 CS를 하면서 공부했습니다. 중학교 이후에도 직장을 다니거나 직원을 고용해 대행사를 운영한 적도 있지만 집에서 혼자 1인 기업으로 일한 적도 많아 정해진 사무공간 없이 노트북과 스마트폰만으로 언제 어디서든 일해 돈 버는 게 당연했어요.

비누샵을 할 때 할아버지, 할머니와 대만여행을 간 적이 있어요. 대만에는 취옥백채라는 유명한 보물이 있어요. 옥으로 만든 배추 모양의 조각품인데 이걸 만지면 집안에 돈이 들어온다는 속설

취옥백채

이 있어 관광객들이 이걸 한 번 만져보겠다고 줄 설 정도로 유명해요. 대만에서 제가 사업번창을 기원하며 취옥백채를 만졌을 때, 대만 야시장에서 명물인 치즈 감자와 빙수를 사 먹을 때도 한국에서는 비누가 계속 팔리며 저는 돈을 벌고 있었습니다. 제가 할 일은 여행 중간중간에 카카오톡으로 CS하는 것이 전부였어요.

앞에서 교토삼굴에 대해 말하며 번 돈을 지키기 위해 굴 세 개를 파놓는 것도 물론 중요하지만 너무 돈에 인색하지 말고 여유 있는 선에서 새로운 경험에 투자하라고 말씀드렸죠. 지금까지 못 본 것을 보고 국내에서 할 수 없는 새로운 경험을 쌓기 위해 저는 1년에 한 번 정도 해외여행을 가고 있습니다. 혼자 가거나 가족과 가거나 친구와 가는데요. 해외 백사장에서 피냐 콜라다를 마실 때도, 고래 투어를 할 때도, 호핑을 다녀올 때도, 마사지 투어를 다녀올 때도, 별빛 투어를 다녀올 때도 스마트 스토어로 물건이 팔렸고 에어바운스 렌탈료가 통장에 들어왔고 셀러매치와 클래스유 강의가 팔렸으며 광고 대행 비용이 입금되었고 상가 월세가 들어와 통장에 돈이 계속 쌓였습니다.

관광지를 구경할 때도 중간중간에 카카오톡으로 일하고 구경이 끝나면 호텔 카페나 방에서 노트북을 열고 남은 업무를 봐도 사업은 순조롭게 굴러갔어요. 함께 여행온 친구들은 "우리는 휴가 내고 여행 와 노는 동안에는 수입이 끊기는데 너는 치사하게 놀면

유니버설 스튜디오

서도 돈이 들어오냐?"라며 저녁은 제가 사라고 면박을 주기도 했습니다. 이처럼 디지털 노마드에 대한 확신이 있기에 저는 현재 운영하는 회사에도 디지털 노마드를 녹여내기 위해 다양한 시도를 하고 있어요. 메타버스를 이용한 원격회의를 도입했고요. 현재 애드에디션 사무실이 서울 지부, 부산 지부로 양분되어 있는데 직원 모두에게 노트북을 지급해 부산 직원이 서울로 올라와 일하고 서울 직원이 부산 바다를 보며 일할 수 있는 제도를 만들고 있습니다. 나중에는 상주 사무실을 없애고 공유 오피스를 만들어 각자 원하는 곳에서 일하는 방안을 검토하고 있어요.

여러분 중에는 직장인 체질인 분도 계시겠지만 출·퇴근이나 대인관계 등 직장이 정말 안 맞는 분들도 계실 거예요. 사실 저도 전화가 안 오는 새벽 시간에 일이 가장 잘되는 올빼미족이거든요. 그런 분들은 스트레스를 받아가며 출근하기보다 1인 프리랜서 디지털 노마드에 도전해보시길 권합니다. 좀 과장해 말하면 저는 디지털 노마드가 되겠다는 열망과 노트북 한 대만 있으면 하루 종일 침대에 누워 노트북만 만져도 1년에 직장인 연봉만큼 벌 수 있다고 생각합니다. 실제로 덕배문구마켓을 할 때 노트북과 스마트폰만으로 매달 300만 원을 벌었거든요. 당시는 지금처럼 영업을 잘할 때도 아니었는데 직장인 연봉이 가능했습니다.

당시 월급 300만 원을 번 방법을 소개할게요. 블로그 체험단을 처음 해보면서 온라인 광고 생태계를 조금씩 알아가며 적응할 때였습니다. 체험단만 계속해도 다양한 협찬과 원고료를 받을 수 있는데요. 저는 체험단을 진행하는 마케팅 대행사 담당자와 친해져 체험단 외에도 여러 가지 일감을 받았어요. 나중에는 마케팅 대행사가 모인 오픈 채팅방에 들어가 일감을 고르기도 했고요.

여러 일감 중 하나로 원고 대행을 자주 했습니다. 대행사는 블로그에 올릴 광고 글이 많이 필요한데요. 보통 대행사 직원이 작성하지만 담당 광고주가 너무 많으면 일부 원고는 아웃소싱합니다. 보통 글자당 ○○원, 1,000자 원고를 쓰면 만 원, 이런 식으로 가격을 책정해요. 이 재택 아르바이트를 해보니까 평소 블로그 체험단을 하면서 글쓰기 훈련이 되어서인지 1,000자 원고 작성에

5분도 걸리지 않았습니다. 이런 원고 아르바이트는 보통 당일 정산해주는데요. 제 할 일을 하면서 남는 시간을 쪼개 4~5건을 써 넘기자 그것만으로도 낮은 시급의 아르바이트 일당이 벌렸어요.

그것과 더불어 자주 했던 재택 아르바이트는 사진촬영 대행이었습니다. 광고 글에는 텍스트도 필요하지만 사진도 필요하니까요. 저는 비누샵 할 때부터 제품 사진을 최대한 예쁘게 찍는 연습을 해 왔기에 사진촬영에는 자신이 있었어요. 제가 직접 쇼핑몰을 해봤으니 쇼핑몰 사장님이 어떤 느낌의 사진을 원하는지도 잘 알고요.

먼저 제품을 배송받은 후 쇼핑몰 사장님이 원할 만한 사진을 100장 촬영해 보내고 3만 원을 받았습니다. 항상 해오던 일이어서 사진 100장을 찍는 데 1시간도 걸리지 않았어요. 게다가 한때 사진촬영 동호회 활동을 하면서 DSLR 사용법을 배워뒀기에 10만 원 정도를 받고 맛집 등 특정 장소를 방문해 고퀄리티 사진을 촬영해주기도 했습니다.

'월급 250만 원을 받는 직장인의 하루 일급이 8만 원 정도인데 직장에서 보내는 9시간 동안 집에서 블로그 체험단, 원고 대필, 사진촬영 대행만 해도 하루 10만 원은 버네? 부지런히 프리랜서로 일해도 한 달에 300만 원은 벌겠는데? 사업 망하면 이걸로 먹고 살면 되겠다.'

물론 프리랜서니까 일감을 받아야 돈을 벌 수 있는데 그 일감을 따오는 것도 어렵지 않았어요. 대행사 담당자들이 모인 오픈 채팅방이나 웹사이트를 통해 일을 구할 수 있고요. 그렇게 일을 구해 성실히 정성껏 작업해주면 담당자들은 "일을 정말 잘하시네요. 혹시 이것도 해줄 수 있나요?"라며 일을 추가로 주셨어요.

저는 더 큰 사업을 하기 위해 1인 프리랜서를 오래 하진 않았지만 집에서 아이를 키우는 가정주부나 은퇴하고 마땅한 수익이 없는 중·장년층에게 디지털 노마드가 꼭 필요하다고 생각해요. 제 수강생 중에도 가정주부와 은퇴한 어르신들이 계신데요. 이야기를 들어보니 주부들도 일을 해 아이 기저귀, 분유 값을 벌고 싶은데 아이가 초등학교 들어가기 전까지는 밀착 케어가 필요해 파트타임 아르바이트도 힘들다고 합니다.

그리고 정년이 되어 은퇴한 중·장년층 회사원도 자식을 대학 보내느라 노후 준비가 덜 되어 퇴직금으로 치킨집이나 카페를 차리는데 워낙 경쟁이 치열해 폐업이 빈번하다네요. 보셨다시피 제가 돈 번 방법은 특별한 전문성이 필요 없어 몇 번 해보면 누구나 할 수 있고 카페나 치킨집처럼 종잣돈도 필요 없어요.

실제로 몇 년 전 저는 경단녀 아주머니 한 분을 디지털 노마드로 변신시켜 드린 경험이 있습니다. 그분을 편의상 예지님이라고 부를게요. 예지님은 아이가 둘인 전업주부로 몸이 약한 아이는 성인이 될 때까지 주기적으로 주사를 맞아야 했습니다. 그 주사는 보험처리도 안 되는데 2주에 한 번씩 맞을 때마다 20만 원이나 들어 무척 힘들어하셨어요.

병원 진료비와 주사값을 벌고 싶은데 몸이 약한 아이를 놔두고 아르바이트를 할 수도 없어 고민이 많으셨죠. 저는 집에서 노트북 한 대로 300만 원을 벌어본 경험을 살려 어떻게든 그분이 집 밖에 나가지 않고도 100만 원, 200만 원이라도 벌게 해드리고 싶어 앞에서 말씀드린 주부 커뮤니티에 회원 가입해 활동하시라고 말씀드렸어요. 대행사가 주는 여러 일감 중에서 커뮤니티 게시판에 글 쓰는 일이 페이가 가장 좋거든요. 상품을 소개하거나 후기를 올리면 건당 최소 3만 원을 받기 때문에 집안일 하고 아이를 돌보고 남는 시간을 활용해 하루에 글 5개만 올려도 일당 15만 원을 벌 수 있습니다.

예지님은 아이 병원비를 벌어야 한다는 동기(모티베이션)가 있어 제가 알려드리는 방향대로 정말 열심히 따라오셨어요. 처음에는 집 근처 커뮤니티에 가입해 활동하셨고 나중에는 범위를 넓혀 전국 주부 커뮤니티에 가입해 제가 연계해드리는 일감을 받아 꾸준히 글을 올리셨습니다. 남편과 아이들에게 밥 차려주고 집안일 하고 아이들 돌보는 시간이 있기에 틈틈이 노트북으로 하루 3~4시간 일하셨다네요. 이것이 제가 여러 재택 아르바이트 중에서 커뮤니티 아르바이트를 추천한 이유인데요. 남편과 아이들 밥 차려주고 유치원 보내는 시간에는 다른 주부들도 바빠 커뮤니티 활동을 안 합니다. 예지님이 여유가 생겨 커뮤니티 글을 올리는 시간대가 다른 주부들도 일을 끝내고 커뮤니티 활동을 하는 때여서 게시글 발행의 베스트 타이밍이었거든요. 예지님도 생활 리듬을 깨지 않으면서 집에서 일할 수 있어 무척 좋아하셨습니다.

커뮤니티 아르바이트는 보통 주급으로 정산받는데요. 예지님은 막 시작할 때는 1주일에 10만 원을 정산받으셨어요. 어떤 식으로 일해야 빨리 잘할 수 있는지 노하우가 점점 쌓이자 나중에는 1주일에 많게는 120만 원을 받으셨습니다. 어떤 때는 한 달에 남편 월급보다 많이 가져가시는 셈이죠. 예지님과 비슷하게 돈을 벌어야 하는 간절한 사연이 있는데 방법을 몰라 디지털 노마드를 못하고 계신다면 언제든지 제게 이메일을 보내주세요.

05

23세 임지흔, 한국에 실리콘밸리를 만들다

 1인 프리랜서로 돈을 벌 수도 있지만 내가 사업을 키울 욕심이 있다면 직원을 고용해 조직을 갖춰야 합니다. 1인 기업의 장점은 무엇보다 자유로움이죠. 출·퇴근도 내 마음대로, 언제 어떤 일을 할지도 내 마음대로이지만 큰일을 하지 못합니다. 결국 개인은 팀을 이길 수 없으니까요. 저는 더 큰 프로젝트에 도전하고 싶어서 법인을 설립했지만 그 중에는 자유롭게 먹고 살 만큼의 돈만 벌면 더 이상 큰 욕심이 없는 분도 계실 거예요. 그런 분은 1인 프리랜서로 남는 것이 삶의 만족도가 가장 높을 거라고 생각합니다.

 현재 저는 서울 사무실과 부산 사무실을 합쳐 약 20명의 직원과 함께 일하고 있는데요. 제가 막 개인사업자로 등록해 대행사를 차렸을 당시 직원 때문에 고민이 정말 많았다고 앞에서 말씀드렸죠.

솔직히 말씀드리면 저는 사업에서 가장 어려운 것이 이 인사(人事)문제 같아요.

체감상 직원이 두 배로 늘면 어려움은 두 배가 아닌 열 배로 늘어나는 느낌입니다. 급여, 휴가, 4대 보험부터 시작해 직원간 충돌을 조정해야 할 일도 생기거든요. 10명까지는 아무 체계가 없어도 그런 대로 돌아가는데 20명, 30명이 되면 부서간 충돌까지 생기기에 관리해야 할 일이 더 늘어납니다.

만약 내가 사람 관리를 못하는데 사업은 더 키우고 싶다면 직원 채용보다 차라리 동업자를 구해 파트너십을 맺어 분업화하거나 외주를 맡기는 것이 더 나을 수도 있습니다. 하지만 저는 항상 제 곁에서 제 아이디어를 듣고 보완하고 함께 실행할 내부 직원이 많아지길 바랬어요.

직원 채용은 결정 사항이고 그 직원과 함께 어떤 조직을 만들 것인지가 중요했죠. 예나 지금이나 제 목표는 행복하면서도 생산성이 높은 조직이었습니다. 회사인 만큼 생산성은 당연히 중요하고 생산성이 높아도 행복도가 낮으면 직원들이 정착하지 못하고 이직하기에 이 두 마리 토끼를 어떻게 잡느냐가 최대 과제였어요.

처음에는 두 마리 토끼를 모두 잡으려고 했는데 두 마리를 쫓다가 한 마리도 못 잡는 것 같아 일단 행복도를 높이기로 했습니다. 업무 효율은 다소 떨어져도 근무환경이 행복하면 애드에디션을 나가기 싫을 것이고 회사를 계속 다니면서 일 잘하는 방법을 배우고 실무 경험을 쌓으면 업무 효율은 저절로 오르기 마련이니까요.

행복도를 높이는 첫 발걸음으로 복지를 강화했습니다. 탄력근무제를 도입하고 야근을 없앴어요. 먼저 탄력근무제에 대해 말씀드리자면 전에 저는 실리콘밸리 관련 다큐멘터리를 본 적이 있습니다. 한 회사원이 출근해 열심히 일하더니 오후 4시 30분이 되자 사무실을 나가 차에 타는 장면이 있었어요. 회사원이 말하길 오늘 해야 할 일을 다 끝냈으니 6시가 안 되었지만 조기퇴근한다는 겁니다. 우리나라 대기업에서는 상상하지도 못할 장면인데요.

애드에디션도 그날 해야 할 일을 일찍 끝낸 사원은 퇴근시간 30분 일찍 퇴근할 수 있어요. 일단 정해진 출·퇴근 시간은 10시 출근, 19시 퇴근이지만 일을 다 끝냈으면 18시 30분에 퇴근해도 된다는 말이죠. 그날 업무를 그날 다 끝내 야근이 없도록 과도한 업무량을 주지 않고 구글 캘린더를 통해 시간 단위로 스케줄을 관리했습니다.

구글 캘린더의 장점은 한 가지 업무를 직원들이 마치는 데 각자 몇 분이 소요되는지 체크할 수 있다는 건데요. 예를 들어, A 업무에 대해 직원 1은 30분이 걸리는데 직원 2는 2시간이 걸렸다면 직원 1이 A 업무를 효율적으로 처리하는 방법을 안다는 말이 됩니다. 그렇다면 직원 1에게 A 업무를 빨리 잘하는 방법을 매뉴얼로 만들어 직원 2에게 가르치면 직원 2는 앞으로 A 업무를 할 때 1시간 30분을 아껴 조기퇴근할 확률이 높아지겠죠?

한 번은 직원 한 명이 야근을 못하게 되자 회사 업무를 집에 가져가 처리한 것이 발각(?)되어 임원진이 대책회의를 가진 적이 있습니다. 사정을 들어보니 자신이 병가 때문에 하루 쉬었는데 그 때문에 데드라인을 못 맞출 것 같아 집에서 회사 일을 했다는 거예요. 어찌 보면 책임감 있는 고마운 직원이죠. 하지만 정당한 보수없이 일만 하면 행복도가 낮아지고 행복도가 낮아지면 퇴사로 이어지기에 야근수당을 지급하는 것으로 마무리했어요.

실제로 1년에 몇 번은 회사 일이 정말 바빠 어쩔 수 없이 야근이 필요할 때가 있습니다. 그런 경우, 야근수당을 지급하고 있고요. 또 다른 신기한 점은 저는 직원들이 모두 워라벨을 추구하는 것으로 생각했는데 일을 더 많이 하고 급여를 더 받고 싶다는 직원도 있었다는 거예요. 이 니즈를 충족시키기 위해 A^2어벤저스● 팀이라는 파트너 제도를 만들었습니다.

애드에디션의 정직원은 아니지만 애드에디션의 일을 도와주는 협력업체를 통틀어 어벤저스 팀이라고 부르거든요. 어벤저스 팀은

● 어벤저스 앞에 A^2가 붙은 이유는 임 대표님 법인사업자가 애드에디션(AdAddition)인데 앞의 A 두 개를 따 A 제곱을 붙였다고 합니다. 발음은 어벤저스 그대로 부르고요.

실무에 필요한 여러 작업을 대리해주면 건당 페이를 지급해드리고 있어요. 만약 직원이 급여 외 추가 소득을 올리고 싶다면 어벤저스 팀에 참여해 외주 계약을 통해 부업을 할 수 있는 것이죠.

예를 들어, 내가 디자이너인데 이번 주 업무가 상세 페이지 두 개를 만드는 것인데 저녁과 주말 시간을 이용하면 두 개 더 만들 수 있을 것 같다. 월급은 월급대로 받고 상세 페이지 두 개를 만든 것은 외주 계약을 통해 추가로 급료를 받는 것입니다.

실제로 직원들의 탄력근무제와 파트너 제도에 대한 평이 매우 좋았어요. 일은 일대로 시키고 돈은 돈대로 안 주는 회사에 비하면 합리적이라고 말이죠. 그런데 단순히 워라밸을 맞춰주고 돈만 많이 준다고 이직률이 0%가 되는 건 아니더라고요. 요즘 직원들은 회사에서 하는 일을 통해 자신의 커리어와 포트폴리오를 만들고 성장하기를 원했습니다.

그래서 회사의 기존 톱다운 경영 방식을 없애고 애자일 경영 방식을 도입했어요. 톱다운 경영은 맨 위(Top)로부터 아래(Down)로 내려온다는 뜻인데 일반적인 조직은 대부분 톱다운 경영 방식입니다. 군대나 대기업을 보면 수뇌부가 일을 결정해 밑으로 내리고 아랫사람은 묻지도 따지지도 않고 위에서 시키는 대로 일하는 부품이 되어버리죠.

반면, 애자일(agile)은 '날렵한, 민첩한'이라는 뜻으로 애자일 경영은 기존 톱다운 방식의 수직적 권위와 직책을 없애고 일을 프로젝트 단위로 편성해 프로젝트 매니저(PM)와 프로젝트 리더(PL)를 임명해 일해나가는 방식이에요. 보통 회사에서 소통할 때 이름과 직책을 합쳐 '임지훈 대표님'이라고 부르죠. 애드에디션에서는 모두 영어 닉네임을 만들어 존대없이 소통해요. 제 닉네임은 '스파미'인데요. 직원들이 "임지훈 대표님! 기획서 컨펌 부탁드립니다."라고 안 하고 "스파미! 기획서 컨펌 부탁드려요."라고 합니다.

그리고 모든 것을 위에서 결정하고 밑에서는 시키는 대로만 하는 것이 아니라 프로젝트마다 직급을 떠나 PM(프로젝트 매니저)이 되고 이 PM을 보조하는 PL(프로젝트 리더)을 붙여 PM과 PL이 한 팀이 되어 일하는 구조를 만들었어요.

예를 들어, 애드에디션 공식 유튜브 계정을 키우는 프로젝트가 있다고 가정할게요. 일반적으로는 회사 대표인 제가 영상 편집자에게 특정 영상을 만들라는 지시를 내릴 거예요. 그런데 유튜브와 동영상 제작에 대해 제가 더 전문성이 있을까요, 편집자가 더 전문성이 있을까요?

물론 저도 프리미엄 프로를 다룰 줄 알지만 영상 편집만 몇 년 동안 해온 편집자에 비하면 전문성이 떨어질 수밖에 없어요. 그래서 프로젝트를 진두지휘하는 PM은 제가 아닌 편집자가 맡습니다. 유튜브 계정을 크게 키우기 위해서는 콘텐츠 전략, 운영 전략을 짜는 기획자가 필요하겠죠? 또한, 영상을 만드는 데 대표인 제가 자주 출연해야 하고요. 그래서 기획자와 제가 PM을 서포트하는 PL로 들어가요.

회사 직급상으로는 저와 기획자가 편집자보다 높더라도 유튜브 계정 만들기 프로젝트 내에서는 편집자가 PM이고 저와 기획자가 PL이기 때문에 저와 기획자는 편집자의 말을 들어야 해요. 대표인 저도 PL이기에 PM을 맡은 편집자의 결정권이 더 높은 셈이죠.

처음에는 직원들이 자신보다 명목상 직급이 높은 제가 PL을 맡는 것에 어색해하고 부담을 느꼈는데요. 한 번 PM을 맡아본 직원들은 자신의 전문 분야에서 상명하복 없이 주도적으로 프로젝트를 이끌면서 많은 것을 배우게 되어 만족도가 매우 높았습니다.

대부분의 경우, 현장 실무담당자가 해당 업무를 어떻게 해야 하는지 알거든요. 톱다운 방식에서는 아무리 옳은 말을 해도 윗선에서 반려하면 자신의 아이디어를 구현할 수 없는데 애자일 방식에서는 실무자가 PM이 되어 불필요한 절차 없이 민첩하게 성과를 올릴 수 있다는 장점이 있어요.

게다가 PM을 하면서 예상보다 높은 성과를 올리면 인센티브를 지급합니다. 예를 들어, 막 입사한 편집자가 PM이 되어 유튜브 계정을 키우기 시작했다고 가정할게요. 동영상 20개를 업로드해 구독자 천 명을 모으는 것을 목표로 잡았는데 동영상 20개를 업로드해 구독자 2천 명을 모았다면 기본급 230만 원에 인센티브 150만 원을 추가로 지급해 380만 원을 가져가는 식입니다.

여의도에서 대행사를 막 창업할 당시 저는 경험 부족에 인사관리를 어떻게 해야 하는지 가르쳐주는 사업가도 주변에 없어 나와 회사에 대한 충분한 믿음을 직원들에게 주지 못했어요. 지금은 저와 주식 지분을 나눈 동업자와 이사님이 계셔서 조직관리에 대해 많은 것을 배우고 있는데요. 아직 배워야 할 것이 더 많지만 그래도 탄력근무제, 파트너 제도, 애자일 경영을 접목하자 이직률은 낮고 생산성과 행복도는 높은 이상적인 조직이 드디어 만들어지고 있습니다. 언젠가는 여러분도 1인 기업에서 벗어나 조직을 확장할 때가 반드시 올 거예요. 그때 저의 고민과 발자취를 참고하셔서 일을 잘하면서도 행복한 조직을 만드셨으면 좋겠습니다.

도구를 사용하는 인간, 호모 파베르

프랑스 철학자 앙리 베르그송은 인간을 '호모 파베르(Homo Faber)'로 정의했습니다. 유·무형의 도구를 만들어 사용해 자신과 환경을 개척하는 것이 인간의 본성이라고 생각한 것이죠. 생각해보면 지금 세상은 제 부모님 세대와는 많은 부분이 달라진 것 같아요.

옛날만 하더라도 사업을 하려면 먼저 부동산 임대보증금이 필요했습니다. 가게를 얻어 식당과 같은 서비스를 제공하거나 물건을 들여오거나 직접 만들어 구멍가게를 열어야 했습니다. 사업은 돈도 없고 세상 물정도 모르는 중학생 꼬마가 감히 할 수 있는 일이 아니었죠. 그런데 요즘은 중학생인 저조차 사업을 시작할 수 있고 작은 사업부터 차근차근 단계를 밟고 올라가 20대에 어엿한 사장으로 성장할 수 있는 세상이 되었습니다.

이 책을 쓰면서 제 인생 23년을 되돌아봤는데요. 중고 의류사업을 시작으로 16번의 사업 아이템을 거쳐 법인까지 설립할 수 있었던 첫 단추는 새로 나온 도구를 제가 잘 활용한 덕분인 것 같아요. 저는 돈을 모아 가게를 빌리지 않고 모든 사업을 노트북과 스마트폰 한 대로 해결했어요.

　중학생인 제가 스마트폰으로 중고나라와 카카오 스토리 사용법을 몰랐다면 돈을 벌지 못했을 거예요. 스마트 스토어와 주부들이 모이는 커뮤니티라는 도구를 몰랐다면 유통으로 돈을 벌지 못했을 거예요. 카카오톡 오픈 채팅방이라는 도구를 몰랐다면 광고 대행사를 창업하지 못했을 거예요.

　과거 자동차가 헨리 포드를 부자로 만들어주고 컴퓨터가 빌 게이츠를 부자로 만들어주고 오늘날 인스타그램·유튜브·틱톡이 수많은 인플루언서를 부자로 만들어준 것처럼 새로운 도구의 출현은 트렌드를 바꾸고 트렌드가 바뀌면 새로운 기회가 생기며 이때 새로운 도구를 빨리 받아들여 능숙히 다루는 사람이 기회를 붙잡아 부자가 되는 것이 인류의 역사라고 생각해요. 특히 요즘은 새로운 도구가 나오고 그 도구로 사회가 변화하는 속도가 점점 빨라지는 것 같아요. 맥도날드에 키오스크가 설치되었고 생긴 지 얼마 되지도 않았는데 지금은 대부분의 음식점에 설치되고 있고 그 결과, 캐셔라는 직업이 사라졌습니다. 심지어 사람 대신 서빙 로봇이 음식을 가져다주고요.

　최근 들어 챗gpt가 한창 '뜨거운 감자'죠. 확실히 생성 AI는 키오스크나 생성 로봇보다 훨씬 큰 변화의 바람을 일으킬 것 같은데요. 제가 느끼는 변화의 트렌드는 노동의 가치가 점점 낮아지고 공간적 제약도 점점 사라지는 것 같습니다. 단순 업무는 로봇과 인공지능이 대체할 것이고 코로나19로 인해 언택트 문화가 확산되면서 정해진 사무 공간의 의미가 퇴색할 것 같아요.

　이런 변화의 시대에는 새로운 도구에 빨리 적응하고 도입·활용해 생산성을 높이는 개인과 기업이 살아남는다고 생각합니다. 트렌드를 따라가지 못하면 도태될 수밖에 없고요. 다행인 점은 제가 중학생 때 카카오 스토리를 활용해 돈을 벌었던 것처럼 새로운 도구를 익혀 결과를 만드는 힘은 나이와 상관없이 개개인의 의지에 달린 것 같아요. 저는 유통업을 하면서 전국 각지의 공장을 돌아다녔습니다. 제조사 사장님들은 대부분 연세가 지긋하신데요. 전통적인 방식대로 B2B 납품에만 주력하는 사장님도 계시지만 코로나19로 인해 연매출이 줄자 위기감에 온라인 부서를 신설하고 마케팅팀을 만들어 공장 제품을 온라인으로 B2C 판매하는 사장님도 계셨어요. 제조업과 공장이 망해가는 추세라는데 최신 기술을 접목해 스마트팩토리, 스마트팜을 만드는 사장님은 오히려 승승장구하셨습니다. 지구에 인류가 존재하는 한, 제품은 항상 필요하며 제품을 만들어 유통하는 사람은 기본적으로 망할 일은 없을 듯합니다. 다만, 인간이 모두 하던 일을 로봇과 AI에게 맡겨 효율을 극대화할 필요는 있죠.

한때 개인 공방을 운영하시는 사장님들을 많이 만났는데 30대 분들이 많았어요. 어떤 공방 사장님은 상품을 만들면서도 물건을 대신 팔아주겠다는 위탁판매 마케터와 협업해 판로를 개척 중이던 반면, 어떤 공방 사장님은 온라인 마케팅, 위탁판매에 대해 알아볼 의지가 없었습니다.

나이가 많아 새로운 도구를 다룰 수 없거나 나이가 젊어 트렌드에 빨리 적응하는 것의 문제가 아닙니다. 내가 얼마나 관심을 가지고 새로운 도구와 트렌드를 공부하고 직접 실행해보느냐에 달렸어요. 내가 돈의 주인이 되어야지 돈의 노예가 되면 안 되듯이 챗gpt와 같은 새로운 도구도 내가 주인이 되어 생성 AI를 내 도구로 부려야지 주객이 전도되어 내가 생성 AI에게 대체되는 존재가 되어선 안 됩니다.

2022년 11월 애드에디션 법인을 설립하면서 저는 트렌디한 새로운 도구를 사람들에게 가르쳐주는 일을 하고 싶었습니다. 출발은 광고 대행업으로 시작했지만 제가 도구의 힘을 빌려 창업으로 인생을 바꿨듯이 누구나 저처럼 쉽게 창업해 삶을 변화시키셨으면 좋겠다는 생각을 했습니다.

제가 삼고초려해 모셔 온 CTO(Chief Technical Officer: 기술 최고 책임자) 제이드와 심도있는 대화를 나눴습니다. 제이드는 AI와 메타버스 전문가인데요. 제 주특기가 광고·마케팅이니 최근 뜨는 생성 AI를 활용해 창업과 마케팅을 도와주는 플랫폼을 만들고 특허를 등록하자는 아이디어를 냈어요.

그래서 오늘날 새로운 도구인 생성 AI를 사업과 마케팅 전 과정에 적용해 생산성을 높이는 애드에디션의 새로운 프로젝트가 시작되었습니다. 그 결과는 정말 놀라웠습니다! 제가 그 유용함을 몸소 체험한 후 제게서 온라인 창업을 배우신 쇼핑몰 대표님께 가르쳐드렸는데요. 원래 1시간 걸리던 일을 챗gpt를 사용하자 3분 만에 끝났어요. 생산성이 20배나 높아진 겁니다.

제 회사 직원들에게도 전담 비서를 만들어줘야겠다는 생각에 애드에디션 각 팀에 챗gpt, 빙(Bing), 뤼튼 등 다양한 생성 AI를 교육했습니다. 그러자 이제 막 입사해 수습 기간도 끝나지 않은 직원이 생성 AI를 능숙히 활용해 성과를 내기 시작했어요. 원래 3개월 걸릴 프로젝트를 2주 만에 끝냈고요. 다른 직원들도 그날 해야 할 일을 생성 AI를 활용해 일찍 끝내고 조기퇴근했고요.

이 놀라운 사실을 저만 알고 있을 수는 없죠. 생성 AI를 온라인 창업, 쇼핑몰, 마케팅에 활용하는 방법을 강의로 런칭했는데요. 생성 AI가 생각보다 큰 도움이 안 되어 모두 쓰다 말았는데 제대로 프롬프트를 구성해 질문하자 신세계가 열렸다며 열광적인 반응을 보였어요.

제게는 새로운 꿈과 비전이 생겼습니다. 중학생인 제가 다양한 도구를 활용해 사업을 할 수 있었듯이 남의 일이 아닌 내 사업을 해보고 싶다는 꿈을 가진 모든 사람이 생성 AI를 비롯한 여러 온라인 도구의 도움으로 누구나 창업할 수 있는 세상을 만들고 싶습니다. 제 수강생 중에는 사업에 관심이 많은 MZ 세대도 있지만 그에 못지않게 정년 퇴직을 앞두고 인생 2막을 준비하는 시니어 직장인도 많아요.

그들 중에는 월급이 끊긴 이후 경제적 대책이 확실한 분도 계시지만 대비가 미흡한 분들도 많았습니다. 정년이 끝나면 이제 직장 밖에서 자신의 사업을 시작해야 하는데 평생 사업이라곤 한 번도 해보지 않아 무엇부터 어떻게 시작해야 할지 모르는데 자신을 도와줄 도구와 가이드를 몰라 곤란을 겪는 분이 정말 많았습니다.

그분들이 쉽게 사업을 시작할 수 있도록 오늘도 저는 애드에디션에 출근해 소중한 제 팀원들과 함께 생성 AI 플랫폼을 만들고 있습니다. 알파고처럼 이름이 필요할 것 같아 일단 가명으로 '스파미 AI'라고 붙였는데요. 바둑에 특화시킨 AI가 알파고인 것처럼 스파미 AI는 파인 튜닝을 통해 온라인 창업 전 과정을 학습시켜 누구나 사업 전 과정에서 경력직 전문가 수준의 도움을 받을 수 있는 생성 AI 플랫폼을 목표로 하고 있어요.

 이런 변화하는 세상 속에서도 대체불가 상품을 만들고 대체불가 브랜드를 소유한 사람에게 세상의 돈은 흘러갈 것입니다. 여러분이 지금까지 살아오시면서 익힌 기술, 재주, 경험은 족쇄가 아닌 엄청난 자산입니다. 솔직히 말씀드리면 가진 게 아무 것도 없는 상태에서 시작한 저보다 이미 많은 것을 가지신 여러분이 트렌드에 맞는 새로운 도구의 도움을 받는다면 저보다 더 다양한 일을 해낼 수 있을 거라고 생각해요.

 저는 젊음이 무기인 사람이고 새로운 도구를 이용해 돈을 벌어본 경험이 있는 만큼 앞으로도 새로 나오는 도구를 누구보다 빨리 사용해보고 사업에 적용해 돈버는 방법을 알려드릴 계획입니다. 여러분과 저는 책에서 처음 만났지만 우리의 인연은 지금부터 시작입니다. 감사합니다.

임지훈(스파미)

혹시 제 이야기를 들으시고 창업해 사업의 평균점수를 높이고 돈의 그릇을 넓히고 싶으신가요? 저는 옆에서 사업을 가르쳐주는 사람이 없어 8년이라는 세월 동안 온갖 시행착오를 겪으며 머나먼 길을 돌아왔습니다. 여러분은 저처럼 길을 돌아가지 마시고 지름길로 일직선으로 가셨으면 좋겠습니다. 제가 8년 걸린 길을 2~3년으로 단축시키는 방법을 알려드리기 위해 창업 커뮤니티를 만들고 스터디를 진행할 예정입니다. 자세한 내용은 아래 QR 코드를 스캔해주세요!

혹시 창업까지는 아니지만 정년 퇴직 후 새로운 월급을 찾거나 아이를 키우면서 살림에 보탬이 될 월급을 찾으시나요? 제게는 어벤저스 팀을 만들면서 많은 사람이 디지털 노마드로 수익을 올리도록 도와드린 경험이 있습니다. 여러분이 전업주부든, 직장 은퇴자든, 육아 휴직 중이든, 50대, 60대, 70대든 상관없습니다. 어벤저스 팀의 일원인 하남 실장님은 70대이십니다. 가족에게 부탁해 노트북 한 대만 장만해 사용법만 배워두세요. 디지털 노마드로 월급을 만드는 가장 빠른 길을 제시해드릴게요. 자세한 내용은 역시 아래 QR 코드를 스캔해주세요.

상품은 좋은데 마케팅이 안 되어 고민이신가요? 저는 광고 대행사를 하면서 수백 가지 상품을 팔아봤습니다. 그런 저는 마케팅 경력 20년의 국내 최고 광고 전문가와 함께 일하고 있어요. 역시 아래 QR 코드를 스캔하시면 여러분의 상품을 가장 잘 판매할 방법을 컨설팅해드리거나 광고 대행을 해드리겠습니다.

QR 코드를 스캔해주세요.